Búzios

A Linguagem dos Orixás

Ademir Barbosa Júnior
(Dermes)

Búzios
A Linguagem dos Orixás

© 2016, Editora Anúbis

Revisão:
Viviane Lago Propheta

Projeto gráfico e capa:
Edinei Gonçalves

Apoio cultural:
Rádio Sensorial FM web
www.sensorialfm.com.br

Dados Internacionais de Catalogação na Publicação (CIP)
(Câmara Brasileira do Livro, SP, Brasil)

Barbosa Júnior, Ademir
Búzios : a linguagem dos Orixás / Ademir Barbosa Júnior (Dermes). -- São Paulo: Anúbis, 2016.

Bibliografia.
ISBN 978-85-67855-34-9

1. Jogo de búzios 2. Oráculos 3. Orixás 4. Umbanda (Culto) I. Título.

16-01162 CDD-133.322

Índices para catálogo sistemático:
1. Búzios : Artes divinatórias 133.322

São Paulo/SP – República Federativa do Brasil
Printed in Brazil – Impresso no Brasil

Este livro segue as novas regras do Acordo Ortográfico da Língua Portuguesa.

Os direitos de reprodução desta obra pertencem à Editora Anúbis. Portanto, não é permitida a reprodução total ou parcial desta obra, de qualquer forma ou por qualquer meio eletrônico, mecânico, inclusive por meio de processos xerográficos, incluindo ainda o uso da internet, sem a permissão expressa por escrito da Editora (Lei nº 9.610, de 19.2.98).

Distribuição exclusiva
Aquaroli Books
Rua Curupá, 801 – Vila Formosa – São Paulo/SP
CEP 03355-010 – Tel.: (11) 2673-3599
atendimento@aquarolibooks.com.br

Para Karol, cujos olhos cor de mel
são os búzios mais lindos que se abrem
para mim todas as manhãs.

Sumário

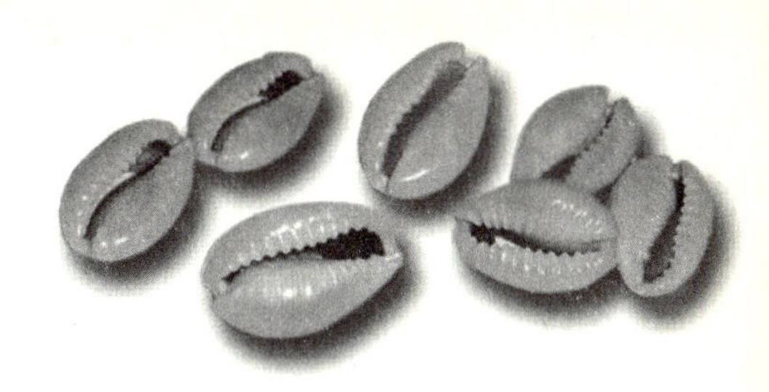

Introdução

Este livro não ensina a jogar búzios. Faz uma apresentação do que sejam os búzios, os Odus, os Orixás mais diretamente ligados a esse sistema oracular e outras tantas informações. Serve como referência para que o leitor conheça um pouco mais a respeito do tema e tenha critérios para selecionar as pessoas de sua confiança para jogar e interpretar. Também proporciona ao leitor a oportunidade de meditar e aprofundar-se no autoconhecimento a partir do conhecimento básico dos principais caminhos (Odus).

Infelizmente proliferam nos postes das cidades, na internet, em revistas e outras mídias informações equivocadas a respeito das religiões de matriz africana e, consequentemente, sobre o jogo de búzios, com promessas absurdas que ferem o livre-arbítrio, a inteligência, a ação da Espiritualidade e a paciência do bom Deus (Fonte Primeira).

Conforme sustenta Albert Cousté, "o oráculo é mutável, assim como os homens que o interrogam." Aceitação rima com humildade, não com humilhação. Alguém, por exemplo, por meio dos búzios, pode compreender que os caminhos estão fechados para a área profissional. Então deixará de procurar emprego ou buscará equilibrar as energias, observará aspectos cármicos e/ou familiares etc., de modo a ter sucesso nessa área?

O próprio conceito de carma, de modo geral, é compreendido equivocadamente como destino, e não como lições e aprendizados, positivos ou negativos. Conta-se que um homem bastante generoso e equilibrado perdeu o dedo mínimo direito numa serra. Indignado, procurou a Espiritualidade, que lhe informou: "Meu irmão, em seu planejamento reencarnatório constava que o irmão deveria perder um braço, em acidente semelhante. Contudo, por sua postura, esse planejamento alterou-se para apenas um dedo." O homem compreendeu a lição e sentiu-se agradecido. Pela mesma linha de raciocínio se alguém, por exemplo, nasce sem a mão direita, poderá fazer tudo com a esquerda, implementar uma prótese ou submeter-se a um transplante de mão, prática que, cada vez mais, se popularizará. Ou poderá sofrer e reclamar a vida toda.

Recordo amorosamente a figura de um irmão, bispo anglicano com muitos anos de Santo, como dizemos comumente, e mão de jogo, que sempre quis me iniciar no jogo de búzios, respeitando a hierarquia, inclusive terrena, sobre minha cabeça. Não conseguimos concretizar esse projeto. Numa de nossas conversas, ele compartilhou comigo o Orin Opé:

Mo Sun Layó
Mo Ji Layó
Mo Fogo Folorun
Mo Ji Layó
Babá MoDupé Ó

Eu durmo com alegria
Eu acordo com alegria
Eu glorifico (o dia) para Olorum
Eu acordo feliz
Pai, eu te agradeço

Até onde sei esse irmão sempre viveu as duas religiões, os dois cultos, não de maneira esquizofrênica, mas dialógica, complementar. Se alguém achar estranho, peço que abra amorosamente o coração para ao menos compreender a realidade do outro. Se alguém realmente não gostar, vá se queixar ao bispo!

Que os búzios sempre tragam paz, alento, prosperidade, conhecimento, informações, lições, aprendizados, amorosidade, fé e oportunidades de recomeço para todos nós!

Para bater cabeça (em todos os sentidos), é preciso ter uma.

Abraço, gratidão e Axé!

O Autor

Odu

A peneira separa
Grão e poeira
A cabaça reúne
Os dois em seu ventre

Ademir Barbosa Júnior
(Dermes)

Consulta

Após jogar os búzios, o Babalaô pergunta ao consulente: "Meu filho, você tem problemas com irmãos?".

Ao que ele respondeu: "Tenho não, senhor. O único irmão que tenho... paramos de conversar faz vinte anos...".

BARBOSA JR., Ademir. *Por que riem os Erês e gargalham os Exus? – O bom humor na espiritualidade afro-brasileira*. São Paulo: Anúbis, 2015, p. 47.

Oráculos e sua importância

Nenhum oráculo deve ser dado à futilidade, ao capricho, ao desrespeito para com a Espiritualidade, o livre-arbítrio de si mesmo ou do próximo. Deve-se compreender a sabedoria do oráculo, inserida no tempo, no espaço e na história pessoal de cada consulente. É como a palavra de Pai, de uma Mãe, de um (a) irmão (ã) mais velho (a) que tenha acesso a informações seguras, uma palavra amiga, de incentivo, de alerta e cuidado.

Presentes nas mais diversas culturas e manifestando-se de inúmeras maneiras, tecnicamente os oráculos funcionam como pistas, orientações para harmonização. Por vezes, quando acrescidos do dom da vidência, confundem-se com previsões. De qualquer maneira, os oráculos não podem se transformar num vício nem ser reduzido a dicas e sugestões fúteis.

Conforme visto na introdução deste livro, os caminhos são múltiplos a partir do carma de cada um. Assim como não se deve ferir o livre-arbítrio, não se deve também acomodar-se diante das dificuldades nem vivenciar o fatalismo. Cada qual é senhor de seus caminhos e, nesse sentido, funcionam como sinais de trânsitos, marcas na neve ou na areia, enfim, pistas para que a caminhada seja o mais suave possível.

Assim como existem os que se deixam iludir ou fascinar pelos oráculos, tornando-se dependentes, há também os que se valem da boa fé alheia para mistificar, enganar. Com os búzios não seria diferente. Proliferam em anúncios, volantes, redes sociais etc. as chamadas *marmotas* ou *marmotagens*.

Segundo o *Dicionário de Umbanda* (São Paulo: Anúbis, 2015, p. 142), de minha autoria,

> ***Marmota*** – Ver ***Marmotagem***.
>
> ***Marmotagem*** – Em linhas gerais, trata-se de atitudes extravagantes que fogem aos fundamentos das religiões de matriz africana. A marmotagem não deve ser confundida com a diversidade de elaboração e expressão de fundamentos religiosos.

Exemplos de marmotagem: simulação de incorporação; Pombogira fazendo compras em shopping center; baianos e boiadeiros bebendo em barracas de praia durante festa de Iemanjá; Caboclo ensinando filho de santo a usar máquina fotográfica durante uma gira; preto-velho passando número de celular de médium para consulente etc.

Quantas pessoas são vítimas de falsos sacerdotes ou médiuns desequilibrados que prestam grande desserviço às religiões de matriz africana, além de alimentar a incredulidade, a dor e, por vezes, sentimentos ainda mais negativos entre os que são enganados. Certamente há também os que comungam da energia da marmotagem, uma vez que procuram os que lhes façam "amarrações" e outros absurdos que ferem o livre-arbítrio, a lógica, a Lei Divina.

Observemos três exemplos típicos de textos em anúncios de jogos de búzios e que contrastam a sacralidade do jogo/trabalho espiritual:

Textos	Equívocos
"Fazemos qualquer tipo de trabalho."	Não se barganha com a Espiritualidade. Um trabalho espiritual não deve ser feito em vão, como capricho e nem para tentar "comprar" a Espiritualidade. Um trabalho espiritual é feito para abertura de caminhos, harmonização (ou encaminhamento para finalização amorosa) de uma situação pendente, refazimento energético, cura etc. e **JAMAIS** ferirá o livre-arbítrio. No contexto fraudulento, criam-se ebós, banhos, defumações e outros, geralmente caríssimos, sem que haja necessidade, fundamento e mesmo orientação da Espiritualidade Superior (Orixás, Guias e Guardiões).
"Pagamento após o resultado."	Trata-se de procedimento digno de estelionatário. O ledor anuncia não cobrar pelo jogo (o que poderia ser feito de forma digna, como se verá adiante no capítulo **Os búzios**, respeitando-se o consulente em todos os sentidos, inclusive no financeiro), porém tece uma série de estratagemas para extorquir, se possível mais de uma vez, o consulente.
"Trago a pessoa amada de volta de 3 a 7 dias."	Tipo de anúncio que promete ação onisciente e que, evidentemente, fere o livre-arbítrio. Como se costuma dizer, com bom humor, entre os adeptos das religiões de matriz africana, os búzios trazem, sim, o amor de volta, mas o amor-próprio, de modo a promover o autoconhecimento, a autoestima.

Por princípio, uma religião ou tradição espiritual JAMAIS faz o mal ou fere o livre-arbítrio.

As marmotagens provocam descrença, desconfiança e revolta, que se manifestam de maneiras diversas, que vão desde o afastamento de tudo o que se relaciona à Espiritualidade, notadamente aos Orixás, Guias e Guardiões, até o descaso, o desrespeito e a desconsideração para com a Espiritualidade, às religiões, aos oráculos etc. Nesse sentido, um dos exemplos mais contundentes, recolhido por Max Sussol (SUSSOL, 1993, pp. 32 e 33), é o do chamado "colecionador de despachos", apresentado em artigo homônimo publicado na revista "Gente" (07/01/1980) por Renato Savarese. Note-se, por um lado, o tom preconceituoso da matéria e, de outro, os absurdos e descaracterizações de entregas (chamados, aqui, de "despachos"), forçosa e erroneamente associados à Umbanda.

> História é a do mineiro Antônio Lourenço. Na tentativa de recuperar todo o dinheiro dado aos pais-de-santo no tempo em que frequentava macumba, levado pela fé e pela procura de ajuda material e espiritual – ele se apossa agora de despachos encontrados nas encruzilhadas de S. Paulo e acredita que, recolhendo esses trabalhos, tenha desfeito muito Mal contra pessoas, pois "há pouco tempo, encontrei uma pequena urna funerária com um boneco todo espetado com agulhas. Retirei-as e desfiz o Mal".
>
> Esse, entretanto, não foi o único achado de Antônio Lourenço, que já encontrou galinhas com olhos vazados, asas quebradas e profundos cortes indo do pescoço ao peito. Detalhes: as galinhas estavam vivas e, para evitar seu sofrimento, ele as sacrificou. Viu-se, também, diante de pequenos animais domésticos, vivos, com partes do corpo mutiladas. Gatos, cachorros e até coelhos, em muitos casos, com os órgãos genitais cortados.
>
> Mas, como todos sabem, os despachos também têm coisas boas. É comum Antônio Lourenço e seu parceiro – que prefere ficar no anonimato – depararem com dinheiro. "Só em moedas, já recolhemos milhares de cruzeiros!" – diz ele. Além disso, os despachos são fartos de galinhas recheadas, farofas, peru assado e outros pratos bem temperados, que ele costuma saborear, sem o menor constrangimento. Os cabritos encontrados são vendidos a quilo a açougues e frigoríficos. Champanha e uísques importados misturam-se a cachaças de todas as marcas. Tanto assim que, no depósito da dupla, há mais de 4 mil garrafas de marafa, cerca de 1.500 de champanha e algumas dezenas de litros de

uísques. As garrafas, depois de consumido o conteúdo, são vendidas a depósitos especializados. Ele também estocou uma pomba-gira de mais ou menos 1 m de altura, estatuetas de santos, imagens de Satanás, velas de várias cores, charutos, cigarros (de marcas até sofisticadas), fitas coloridas e, inclusive, um crânio humano de gesso e muitas tigelas em argila, usadas para colocar os alimentos oferecidos às entidades de Magia-negra. Todo esse material é comercializado.

Natural de Matipé, norte de Minas, Antônio Lourenço, 36 anos – 10 dos quais passados na capital paulista – casado, pai de 5 filhos menores, desde muito cedo começou a frequentar terreiros de UMBANDA.

"No início conta ele – tinha muita fé. Mas vi tanta confusão, tanta besteira, que acabei desacreditando de tudo."

A gota de água parece ter sido o pai-de-santo chamado Camarão, que o enganou por muito tempo. A partir daí, ele deixou de ir a centros e pensou em um meio de recuperar todo o dinheiro gasto. Aproveitou então a ideia de seu parceiro, a quem visitava constantemente e foi convidado a participar de uma aventura semelhante. Antônio foi, gostou e continua até hoje:

"Apanhamos trabalhos há dois anos e não pensamos em parar. Vou continuar até recuperar todo o meu dinheiro."

Pergunta-se, fraternalmente e sem apontar o dedo: perante a Espiritualidade, quem terá maior responsabilidade por tamanho desequilíbrio? Antônio Lourenço ou os médiuns que o enganaram?

Painel sobre as religiões afro-brasileiras

(ou de matriz africana)

Embora o mais comum seja referir-se hoje ao Candomblé, à Umbanda e a outras religiões similares como Religiões Tradicionais de Terreiro, ainda é bastante empregada a expressão Religiões de Matriz Africana, embora esta matriz não seja a única a constituir tais religiões.

Nesse sentido, é bastante esclarecedor o questionamento do professor Ildásio Tavares transcrito abaixo, no qual procura denominar as religiões de terreiro como jeje-nagôs-brasileiras, o que, pelo último termo, ao meu ver, incluiria também a Nação Angola:

Os nomes que não nomeiam

Fala-se com muita segurança, empáfia (e até injúria) em religião negra, religião africana, religião afro-brasileira, ou culto, mais pejorativamente. Essa terminologia é facciosa, discriminatória, preconceituosa, redutiva e falsa. Auerbach dizia que os maus termos, em ciência, são mais danosos que as nuvens à navegação. Negro é um termo que toma por parâmetro uma cor de pele que nem sequer é negra. Que seria religião negra? Aquela praticada por negros, apenas, ou aquela criada por negros e praticada por brancos, negros mulatos ou alguém com algum dos 514 tipos de cor achados no Brasil por Herskovits? Religião negra é um termo evidentemente racista quer usado pelos brancos para discriminar e inferiorizar o negro, quer usado pelo negro para se autodiscriminar defensivamente com uma reserva de domínio rácico e cultural.

Africano é absurdamente generalizante, na medida em que subsume uma extraordinária pluralidade e diversidade cultural em um rótulo simplista e unívoco. Nelson Mandela é frequentemente mencionado como um líder africano. Jamais alguém chamaria Adolf Hitler de um líder europeu ou de um líder branco apesar de este ser um defensor da superioridade dos arianos que não são necessariamente brancos, vez que a maioria dos judeus é de brancos, assim como os poloneses; e Hitler os tinha como inferiores, perniciosos e queria eliminá-los da face da Terra. Este rótulo redutivo lembra-me o episódio de nosso grotesco e absurdo presidente Jânio Quadros chamando o intelectual sergipano Raimundo de Souza Dantas, para ser embaixador do Brasil na África por ele ser de pele escura. Quando o perplexo Raimundo replicou: “Excelência, a África é um continente! Como posso ser embaixador do Brasil em um continente?” O burlesco presidente respondeu: “Não importa, o senhor vai ser embaixador do Brasil na África.”. E foi. Sediado em Gana. Este é o típico exemplo de absurdo brasileiro, de seu surrealismo de hospício que muitos adotam como postura científica, para empulhar os tolos, os ingênuos e os incautos, armadilha perpetrada por canalhas para capturar os obtusos, diria Rudyard Kipling ao deixar o colonialismo para definir o Super-Homem.

O rótulo afro-brasileiro também é falacioso. Aprendi no curso primário que o povo brasileiro está composto basicamente de três etnias: a dos índios, vermelha; a dos europeus, branca, e a dos africanos, preta. Por definição, portanto, brasileiro é a combinação de índio, africano e europeu, branco, vermelho e preto em proporções variáveis, é claro. Já se disse, jocosamente, que as árvores genealógicas no Brasil (em sua maioria ginecológicas, matrilineares) ou dão no matou ou na cozinha, ou dão em índio ou em negro, para satirizar a falsa, a ansiada brancura de nosso povo que nem a importação de italianos e alemães conseguiu satisfazer, muito pelo contrário, eles é que escureceram, ao menos culturalmente, assim como os amarelos, haja vista a presença de babalorixás na Liberdade, São Paulo, no Paraná e em Santa Catarina, para não falar de Escolas de Samba de olhos oblíquos.

Ora, se brasileiro já quer dizer parte africano, afro-brasileiro é redundante. Resolvendo a equação, temos: B = A + I + E ou seja, Brasileiro é igual a africano + índio + europeu. Logo AB (Afro-brasileiro) será igual a A + AIB (Africano + Índio + Brasileiro). Tem africano demais nessa equação. Eliminando o termo igual, discriminaremos o Afro-brasileiro. A única solução é especificar a origem cultural (ou etnográfica, se quiserem) da religião. Para mim seria adequado dizer-se religiões brasileiras de origem africana, índia ou judaico-europeias, todas nossas. Mas como seria longo demais e detesto siglas, prefiro falar religiões jeje-nagôs-brasileira. É mais adequado. Pode não ser preciso. Mas a precisão é um desiderato dos relógios suíços, dos mísseis, dos navios que não afundam e dos filósofos positivistas. Não tenho simpatia por nenhum dos quatro.

Candomblé

Candomblé é um nome genérico que agrupa o culto aos Orixás jeje-nagô, bem como outras formas que dele derivam ou com eles se interpenetram, as quais se espraiam em diversas nações.

Trata-se de uma religião constituída, com teologia e rituais próprios, que cultua um poder supremo, cujo poder e alcance se faz espiritualmente mais visível por meio dos Orixás. Sua base é formada por diversas tradições religiosas africanas, destacando-se as da região do Golfo da Guiné, desenvolvendo-se no Brasil a partir da Bahia.

O Candomblé não faz proselitismo e valoriza a ancestralidade, tanto por razões históricas (antepassados africanos) quanto espirituais (filiação aos Orixás, cujas características se fazem conhecer por seus mitos e por antepassados históricos ou semi-históricos divinizados).

Embora ainda discriminado pelo senso comum e atacado por diversas denominações religiosas que o associam à chamada baixa magia, o Candomblé tem cada vez mais reconhecida sua influência em diversos setores da vida social brasileira, dentre outros, a música (percussão, toques, base musical etc.), a culinária (pratos da cozinha-de-santo que migraram para restaurantes e para as mesas das famílias brasileiras) e a medicina popular (fitoterapia e outros).

O Candomblé não existia em África tal qual o conhecemos, uma vez que naquele continente o culto aos Orixás era segmentado por regiões (cada região e, portanto, famílias/clãs cultuavam determinado Orixá ou apenas alguns). No Brasil os Orixás tiveram seus cultos reunidos em terreiros, com variações, evidentemente, assim como com interpenetrações teológicas e litúrgicas das diversas nações.

Embora haja farta bibliografia a respeito do Candomblé, e muitas de suas festas sejam públicas e abertas a não iniciados, trata-se de uma religião iniciática, com ensino-aprendizagem pautado pela oralidade, com conteúdo exotérico (de domínio público) e esotérico (segredos os mais diversos transmitidos apenas aos iniciados).

Conforme sintetiza Vivaldo da Costa Lima, "a filiação nos grupos de candomblé é, a rigor, voluntária, mas nem por isso deixa de obedecer aos padrões mais ou menos institucionalizados das formas de apelo que determinam a decisão das pessoas de ingressarem, formalmente num terreiro de candomblé, através dos ritos de iniciação. Essas formas de chamamento religioso se enquadram no universo mental das classes e estratos de classes de que provêm a maioria dos adeptos do candomblé, e são, geralmente, interpretações de sinais que emergem dos sistemas simbólicos culturalmente postulados. Sendo um sistema religioso - portanto uma forma de relação expressiva e unilateral com o mundo sobrenatural - o candomblé, como qualquer outra religião iniciática, provê a *circunstância* em que o crente poderá, satisfazendo suas emoções e suas outras necessidades existenciais, situar-se plenamente num grupo socialmente reconhecido e aceito, que lhe garantirá *status* e segurança - que esta parece ser uma das funções principais dos grupos de candomblé - dar a seus participantes um sentido para a vida e um sentimento de segurança e proteção contra 'os sofrimentos de um mundo incerto.".

Formação

O Culto aos Orixás, pelos africanos no Brasil, tem uma longa história de resistência e sincretismo. Impedidos de cultuar os Orixás, valiam-se de imagens e referências católicas para manter viva a sua fé. Por sua vez, a combinação de cultos que deu origem ao Candomblé, deveu-se ao fato de serem agregados numa mesma propriedade (e, portanto, na mesma senzala), escravos provenientes de diversas nações, com línguas e costumes diferentes, certamente uma estratégia dos senhores brancos para evitar revoltas, além de uma tentativa de fomentar rivalidades entre os próprios africanos. Vale lembrar que em África o culto aos Orixás era segmentado por regiões: cada região cultuava determinado Orixá ou apenas alguns.

Em 1830, algumas mulheres originárias de Ketu, na Nigéria, filiadas à irmandade de Nossa Senhora da Boa Morte, reuniram-se para estabelecer uma forma de culto que preservasse as tradições africanas em solo brasileiro. Reza a tradição e documentos históricos que a reunião aconteceu na antiga Ladeira do Bercô (hoje, Rua Visconde de Itaparica), nas proximidades da Igreja da Barroquinha, em Salvador (BA). Nesse grupo, e com o auxílio do africano Baba-Asiká, destacou-se Íyànàssó Kalá ou Oká (Iya Nassô). Seu òrúnkó no Orixá (nome iniciático) era Íyàmagbó-Olódùmarè.

Para conseguir seu intento, essas mulheres buscaram fundir aspectos diversos de mitologias e liturgias, por exemplo. Uma vez distantes da África, a Ìyá ìlú àiyé èmí (Mãe Pátria Terra da Vida), teriam de adaptar-se ao contexto local, não cultuando necessariamente apenas Orixás locais (caraterísticos de tribos, cidades e famílias específicos), em espaços amplos, como a floresta, cenário de muitas iniciações, porém num espaço previamente estabelecido: a casa de culto. Nessa reprodução em miniatura da África, os Orixás seriam cultuados em conjunto. Nascia o Candomblé.

Ao mesmo tempo que designava as reuniões feitas por escravos com o intuito de louvar os Orixás, a palavra Candomblé também era empregada para toda e qualquer reunião ou festa organizada pelos negros no Brasil. Por essa razão, antigos Babás e Iyas evitavam chamar o culto aos Orixás de Candomblé. Em linhas gerais, Candomblé seria uma corruptela de "candonbé" (atabaque tocado pelos negros de Angola) ou viria de "candonbidé" (louvar ou pedir por alguém ou por algo).

Cada grupo com características próprias teológicas, linguísticas e de culto (embora muitas vezes se interpenetrem) ficou conhecido como nação:

- Nação Ketu;
- Nação Angola;
- Nação Jeje;
- Nação Nagô;
- Nação Congo;
- Nação Muxicongo;
- Nação Efon.

Constituída por grupos que falavam iorubá, dentre eles os de Oyó, Abeokutá, Ijexá, Ebá e Benim, a Nação Ketu também é conhecida como Alaketu.

Os iorubás, guerreando com os jejes, em África, perderam e foram escravizados, vindo mais adiante para o Brasil. Maltratados, foram chamados pelos fons de ànagô (dentre várias acepções, piolhentos, sujos). O termo, com o tempo, modificou-se para nàgó e foi incorporado pelos próprios iorubás como marca de origem e de forma de culto. Em sentido estrito, não há uma nação política chamada nagô.

Em linhas gerais, os Candomblés dos estados da Bahia e do Rio de Janeiro ficaram conhecidos como de Nação Ketu, com raízes iorubanas. Entretanto, existem variações de em cada nação. No caso do Ketu, por exemplo, destacam-se a Nação Efan e a Nação Ijexá. Efan é uma cidade da região de Ijexá, nas proximidades de Oxogbô e do rio Oxum, na Nigéria. A Nação Ijexá é conhecida pela posição de destaque que nela possui o Orixá Oxum, sua rainha.

No caso do Candomblé Jeje, por exemplo, uma variação é o Jeje Mahin, sendo Mahin uma tribo que havia nas proximidades da cidade de Ketu. Quanto às Nações Angola e Congo, seus Candomblés se desenvolveram a partir dos cultos de escravos provenientes dessas regiões africanas.

De fato, a variação e o cruzamento de elementos de Nações não são estanques, como demonstram o Candomblé Nagô-Vodum (o qual sintetiza costumes iorubás e jeje) e o Alaketu (de nação iorubá, também da região de Ketu, tendo como ancestrais da casa Otampé, Ojaró e Odé Akobí).

Primeiros terreiros

A primeira organização de culto aos Orixás foi a da Barroquinha (Salvador, BA), em 1830, semente do Ilê Axé Iya Nassô Oká, uma vez que foi capitaneado pela própria Iya Nassô, filha de uma escrava liberta que retornou à África. Posteriormente foi transferido para o Engenho Velho, onde ficou conhecido como Casa Branca ou Engenho Velho. Ainda no século XIX, dele originou-se o Candomblé do Gantois e, mais adiante, o Ilê Axé Opô Afonjá.

Entre 1797 e 1818, Nan Agotimé, rainha-mãe de Abomé, teria trazido o culto dos Voduns jejes para a Bahia, levando-os a seguir para São Luís, MA.

Traços da presença daomeana teriam permanecido no Bogum, antigo terreiro jeje de Salvador, o qual ostenta, ainda, o vocábulo "malê", bastante curioso, uma vez que o termo se refere ao negro do Islã. Antes mesmo do Bogum há registros de um terreiro jeje, em 1829, no bairro hoje conhecido como Acupe de Brotas.

Tumbensi é a casa de Angola considerada a mais antiga da Bahia, fundada por Roberto Barros Reis (dijina: Tata Kimbanda Kinunga) por volta de 1850, escravo angolano de propriedade da família Barros Reis, que lhe emprestou o nome pelo qual era conhecido. Após seu falecimento a casa (inzo) passou à liderança de Maria Genoveva do Bonfim, mais conhecida como Maria Neném (dijina: Mam'etu Tuenda UnZambi) gaúcha, filha de Kavungo, considerada a mais importante sacerdotisa do Candomblé Angola. Ela assumiu a chefia da casa por volta dos anos 1909, vindo a falecer em 1945.

Já o Tumba Junçara foi fundado, em 1919 em Acupe, na Rua Campo Grande, Santo Amaro da Purificação, BA, por dois irmãos de esteira: Manoel Rodrigues do Nascimento (dijina: Kambambe) e Manoel Ciriaco de Jesus (dijina: Ludyamungongo), ambos iniciados em 13 de junho de 1910 por Mam'etu Tuenda UnZambi, Mam'etu Riá N'Kisi do Tumbensi. Kambambe e Ludyamungongo tiveram Sinhá Badá como mãe-pequena e Tio Joaquim como Pai Pequeno. O Tumba Junçara foi transferido para Pitanga, também em Santo Amaro da Purificação, e posteriormente para o Beiru. A seguir foi novamente transferido para a Ladeira do Pepino, 70, e finalmente para Ladeira da Vila América, 2, Travessa 30, Avenida Vasco da Gama (que hoje se chama Vila Colombina), 30, em Vasco da Gama, Salvador (BA). E assim a raiz foi-se espalhando.

O histórico das primeiras casas de Candomblé e outras formas de culto marginalizadas pelo poder constituído (Estado, classes economicamente dominantes, Igreja etc.), como a Umbanda no século XX, assemelha-se pela resistência à repressão institucionalizada e ao preconceito.

Umbanda

Vocábulo

Em linhas gerais, etimologicamente, Umbanda é vocábulo que decorre do Umbundo e do Quimbundo, línguas africanas, com o significado de "arte de curandeiro", "ciência médica", "medicina". O termo passou a designar, genericamente, o sistema religioso que, dentre outros aspectos, assimilou elementos religiosos afro-brasileiros ao espiritismo urbano (kardecismo).

Quanto ao sentido espiritual e esotérico, Umbanda significa "luz divina" ou "conjunto das leis divinas". A magia branca praticada pela Umbanda remontaria, assim, a outras eras do planeta, sendo denominada pela palavra sagrada Aumpiram, transformada em Aumpram e, finalmente, Umbanda.

De qualquer maneira, houve quem tivesse anotado, durante a incorporação do Caboclo das Sete Encruzilhadas anunciando o nome da nova religião, o nome "Allabanda", substituído por "Aumbanda", em sânscrito, "Deus ao nosso lado" ou "o lado de Deus".

Religião

A Umbanda é uma religião constituída, com fundamentos, teologia própria, hierarquia, sacerdotes e sacramentos. Suas sessões são gratuitas, voltadas ao atendimento holístico (corpo, mente, espírito), à prática da caridade (fraterna, espiritual, material), sem proselitismo. Em sua liturgia e em seus trabalhos espirituais vale-se do uso dos quatro elementos básicos: fogo, terra, ar e água.

É muito interessante fazer o estudo comparativo da utilização dos elementos, tanto por encarnados como pela Espiritualidade, na Umbanda, no Candomblé, no Xamanismo, na Wicca, no Espiritismo (vide obra de André Luiz), na Liturgia Católica (leia-se o trabalho de Geoffrey Hodson, sacerdote católico liberal) etc.

Fundação

Este é um breve histórico do nascimento oficial da Umbanda, embora, antes da manifestação do Caboclo das Sete Encruzilhadas e do trabalho de Zélio Fernandino, houvesse atividades religiosas semelhantes ou próximas, no que se convencionou chamar de macumba[1]. No Astral, a Umbanda antecipa-se em muito ao ano de 1908 e diversos segmentos localizam sua origem terrena em civilizações e continentes que já desapareceram.

Zélio Fernandino de Moraes, um rapaz de 17 que se preparava para ingressar na Marinha, em 1908 começou a ter aquilo que a família, residente em Neves, no Rio de Janeiro, considerava ataques. Os supostos ataques colocavam o rapaz na postura de um velho, que parecia ter vivido em outra época e dizia coisas incompreensíveis para os familiares; noutros momentos, Zélio parecia uma espécie de felino que demonstrava conhecer bem a natureza.

Após minucioso exame, o médico da família aconselhou fosse ele atendido por um padre, uma vez que considerava o rapaz possuído. Um familiar achou melhor levá-lo a um centro espírita, o que realmente aconteceu: no dia 15 de novembro Zélio foi convidado a tomar assento à mesa da sessão da Federação Espírita de Niterói, presidida à época por José de Souza.

Tomado por força alheia à sua vontade e infringindo o regulamento que proibia qualquer membro de ausentar-se da mesa, Zélio levantou-se e declarou: "Aqui está faltando uma flor". Deixou a sala, foi até o jardim e voltou com uma flor, que colocou no centro da mesa, o que provocou alvoroço. Na sequência dos trabalhos, manifestaram-se nos médiuns espíritos apresentando-se como negros escravos e índios. O diretor dos trabalhos, então, alertou os espíritos sobre seu atraso espiritual, como se pensava comumente à época, e convidou-os a se retirarem. Novamente uma força tomou Zélio e advertiu: "Por que repelem a presença desses espíritos, se nem sequer se dignaram a ouvir suas mensagens? Será por causa de suas origens sociais e da cor?".

Durante o debate que se seguiu, procurou-se doutrinar o espírito, que demonstrava argumentação segura e sobriedade. Um médium vidente, então,

1. O termo aqui não possui aqui obviamente conotação negativa.

lhe perguntou: perguntou: "Por que o irmão fala nestes termos, pretendendo que a direção aceite a manifestação de espíritos que, pelo grau de cultura que tiveram, quando encarnados, são claramente atrasados? Por que fala deste modo, se estou vendo que me dirijo neste momento a um jesuíta e a sua veste branca reflete uma aura de luz? E qual o seu nome, irmão?" Ao que o interpelado respondeu: "Se querem um nome, que seja este: sou o Caboclo das Sete Encruzilhadas, porque para mim, não haverá caminhos fechados. O que você vê em mim, são restos de uma existência anterior. Fui padre e o meu nome era Gabriel Malagrida. Acusado de bruxaria, fui sacrificado na fogueira da Inquisição em Lisboa, no ano de 1761. Mas em minha última existência física, Deus concedeu-me o privilégio de nascer como caboclo brasileiro."

A respeito da missão que trazia da Espiritualidade, anunciou: "Se julgam atrasados os espíritos de pretos e índios, devo dizer que amanhã estarei na casa de meu aparelho, às 20 horas, para dar início a um culto em que estes irmãos poderão dar suas mensagens e, assim, cumprir missão que o Plano Espiritual lhes confiou. Será uma religião que falará aos humildes, simbolizando a igualdade que deve existir entre todos os irmãos, encarnados e desencarnados."

Com ironia, o médium vidente perguntou-lhe: "Julga o irmão que alguém irá assistir a seu culto?" O Caboclo das Sete Encruzilhadas lhe respondeu: "Cada colina de Niterói atuará como porta-voz, anunciando o culto que amanhã iniciarei." E concluiu: "Deus, em sua infinita Bondade, estabeleceu na morte o grande nivelador universal, rico ou pobre, poderoso ou humilde, todos se tornariam iguais na morte, mas vocês, homens preconceituosos, não contentes em estabelecer diferenças entre os vivos, procuram levar essas mesmas diferenças até mesmo além da barreira da morte. Por que não podem nos visitar esses humildes trabalhadores do espaço, se apesar de não haverem sido pessoas socialmente importantes na Terra, também trazem importantes mensagens do além?"

No dia seguinte, 16 de novembro, na casa da família de Zélio, à rua Floriano Peixoto, 30, perto das 20h, estavam os parentes mais próximos, amigos, vizinhos, membros da Federação Espírita e, fora da casa, uma multidão. Às 20h manifestou-se o Caboclo das Sete Encruzilhadas e declarou o início do novo culto, no qual os espíritos de velhos escravos, que não encontravam campo de

atuação em outros cultos africanistas, bem como de indígenas nativos do Brasil trabalhariam em prol dos irmãos encarnados, independentemente de cor, raça, condição social e credo. No novo culto, encarnados e desencarnados atuariam motivados por princípios evangélicos e pela prática da caridade.

O Caboclo das Sete Encruzilhadas também estabeleceu as normas do novo culto: as sessões seriam das 20h às 22h, com atendimento gratuito e os participantes uniformizados de branco. Quanto ao nome seria Umbanda: Manifestação do Espírito para a Caridade. A casa que se fundava teria o nome de Nossa Senhora da Piedade, inspirada em Maria, que recebeu os filhos nos braços. Assim a casa receberia todo aquele que necessitasse de ajuda e conforto. Após ditar as normas, o Caboclo respondeu a perguntas em latim e alemão formuladas por sacerdotes ali presentes. Iniciaram-se, assim, os atendimentos, com diversas curas, inclusive a de um paralítico.

No mesmo dia, manifestou-se em Zélio um Preto-Velho chamado Pai Antônio, o mesmo que havia sido considerado efeito da suposta loucura do médium. Com humildade e aparente timidez, recusava-se a sentar-se à mesa, com os presentes, argumentando: “Nego num senta não, meu sinhô, nego fica aqui mesmo. Isso é coisa de sinhô branco e nego deve arrespeitá”. Após insistência dos presentes, respondeu: “Num carece preocupá, não. Nego fica no toco, que é lugá de nego”.[2]

Continuou com palavras de humildade, quando alguém lhe perguntou se sentia falta de algo que havia deixado na Terra, ao que ele respondeu: “Minha cachimba. Nego qué o pito que deixou no toco. Manda mureque buscá”. Solicitava, assim, pela primeira vez, um dos instrumentos de trabalho da nova religião. Também foi o primeiro a solicitar uma guia, até hoje usada pelos membros da Tenda, conhecida carinhosamente como Guia de Pai Antônio.

No dia seguinte houve verdadeira romaria à casa da família de Zélio. Enfermos encontravam a cura, todos se sentiam confortados, médiuns até então considerados loucos encontravam terreno para desenvolver os dons mediúnicos.

O Caboclo das Sete Encruzilhadas dedicou-se, então, a esclarecer e divulgar a Umbanda, auxiliado diretamente por Pai Antônio e pelo Caboclo

---

2. Certamente trata-se de um convite à humildade, e não de submissão e dominação racial.

Orixá Malê, experiente na anulação de trabalhos de baixa magia. No ano de 1918, o Caboclo das Sete Encruzilhadas recebeu ordens da Espiritualidade para fundar sete tendas, assim denominadas: Tenda Espírita Nossa Senhora da Guia, Tenda Espírita Nossa Senhora da Conceição, Tenda Espírita Santa Bárbara, Tenda Espírita São Pedro, Tenda Espírita Oxalá, Tenda Espírita São Jorge e Tenda Espírita São Jerônimo. Durante a encarnação de Zélio, a partir dessas primeiras tendas, foram fundadas outras 10.000.

Mesmo não seguindo a carreira militar, pois o exercício da mediunidade não lhe permitiu, Zélio nunca fez da missão espiritual uma profissão. Pelo contrário, chegava a contribuir financeiramente, com parte do salário, para as tendas fundadas pelo Caboclo das Sete Encruzilhadas, além de auxiliar os que se albergavam em sua casa. Também pelo conselho do Caboclo, não aceitava cheques e presentes.

Por determinação do Caboclo, a ritualística era simples: cânticos baixos e harmoniosos, sem palmas ou atabaques, sem adereços para a vestimenta branca e, sobretudo, sem corte (sacrifício de animais). A preparação do médium pautava-se pelo conhecimento da doutrina, com base no Evangelho, banhos de ervas, amacís e concentração nos pontos da natureza.

Com o tempo e a diversidade ritualística, outros elementos foram incorporados ao culto, no que tange ao toque, canto e palmas, às vestimentas e mesmo a casos de sacerdotes umbandistas que passaram a dedicar-se integralmente ao culto, cobrando, por exemplo, pelo jogo de búzios onde o mesmo é praticado, porém sem nunca deixar de atender àqueles que não podem pagar pelas consultas. Mas as sessões permanecem públicas e gratuitas, pautadas pela caridade, pela doaçao dos médiuns. Também algumas casas, por influência dos Cultos de Nação, praticam o corte, contudo essa é uma das maiores diferenças entre a Umbanda dita tradicional e as casas que se utilizam de tal prática.

Depois de 55 anos à frente da Tenda Nossa Senhora da Piedade, Zélio passou a direção para as filhas Zélia e Zilméa, continuando, porém, a trabalhar juntamente com sua esposa, Isabel (médium do Caboclo Roxo), na Cabana de Pai Antônio, em Boca do Mato, em Cachoeira de Macacu, no Rio de Janeiro.

Zélio Fernandino de Moraes faleceu no dia 03 de outubro de 1975, após 66 anos dedicados à Umbanda, que muito lhe agradece.

Pelo fato de ter nascido em solo brasileiro e ser caracteristicamente sincrética. Obviamente a Umbanda não é a única religião a nascer no Brasil. O próprio Candomblé, tal qual o conhecemos, nasceu no Brasil, e não em África, uma vez que naquele continente o culto aos Orixás era segmentado por regiões (cada região e, portanto, famílias/clãs cultuavam determinado Orixá ou apenas alguns). No Brasil os Orixás tiveram seus cultos reunidos em terreiros, com variações, evidentemente, assim como com interpenetrações teológicas e litúrgicas das diversas nações.

Candomblé de Caboclo

Modalidade de Candomblé na qual também se trabalha com Caboclos. Durante algum tempo (e ainda hoje, em algumas casas), a participação dos Caboclos é velada, de modo a preservar a "pureza" ritual do Candomblé. Em determinadas casas, além dos chamados Caboclos de Pena, também trabalham os popularmente chamados Caboclos Boiadeiros, ou simplesmente Boiadeiros.

Macumba

Nome genérico e geralmente pejorativo com que se refere às religiões afro-brasileiras, macumba foi também uma manifestação religiosa, no Rio de Janeiro, que em muito se aproximava da cabula. O chefe do culto também era conhecido como embanda, umbanda ou quimbanda, tendo como ajudantes cambonos ou cambones. As iniciadas eram conhecidas ora como filhas-de-santo (influência jeje-nagô), ora como médiuns (influência do espiritismo).

Orixás, Inquices, caboclos e santos católicos eram alinhados em falanges ou linhas, como a da Costa, de Umbanda, de Quimbanda, de Mina, de Cambinda, do congo, do Mar, de Caboclo, Cruzada e outros.

De origem banta, porém com étimo controvertido, macumba poderia advir do quimbundo "macumba", plural de "dikumba", significando "cadeado" ou "fechadura", em referência aos rituais de fechamento de corpo. Ou ainda viria do quicongo "macumba", plural de "kumba", com o sentido de "prodígios", "fatos miraculosos", em referência a cumba, feiticeiro. Com outras raízes etimológicas, no Brasil, o vocábulo designou, ainda, um tipo de reco-reco e um jogo de azar.

Para dissociar-se do sentido pejorativo, o vocábulo macumba tem sido utilizado nas artes em geral com valor positivo. O marco mais recente é o CD "Tecnomacumba", da cantora maranhense Rita Benneditto.

Cabula

Culto religioso afro-brasileiro do século XIX, no Espírito Santo, com rituais ao ar livre e evocações aos espíritos dos antepassados e utilização de vocabulário de origem banta. A reunião, nas florestas ou em casa determinada, era conhecida como mesa, destacando-se a de Santa Bárbara e a de Santa Maria. O chefe da mesa era chamado de embanda, tendo como ajudantes cambones. Os adeptos eram conhecidos como camanás; suas reuniões formavam engiras.

Catimbó

Fundindo elementos da pajelança (influência indígena) e de cultos bantos (influência afro), o Catimbó é conhecido pela terapêutica notadamente marcada por passes, defumações, banhos lustrais (de purificação). O catimbó é conduzido por mestres, sendo um dos mais conhecidos o Sr. Zé Pelintra.

Tambor de Mina

Culto afro-brasileiro, de origem jeje, característico principalmente no Estado do Maranhão. O vocábulo "mina" refere-se à origem dos escravos, aprisionados no forte de São Jorge da Mina, de propriedade dos portugueses, na África Ocidental, antes de serem trazidos para o Brasil como escravos.

Na Casa das Minas, em São Luís, MA, os Voduns são cultuados conforme as famílias a que pertençam. Dessa forma, a família de Davice é constituída por Voduns chamados nobres (reis e rainhas) do Daomé. A família de Savaluno é composta de Voduns da região norte do Daomé. Já a família de Dambirá comporta os Voduns da terra, das doenças e da peste. A família de Quevioso e Aladanu, considerada de origem nagô, abarca os Voduns dos raios, dos trovões, do ar e da água.

No tambor-de-mina há também a manifestação dos encantados de diversas origens: caboclos da mata, fidalgos/nobres portugueses e franceses e turcos/mouros.

Babaçuê

Também conhecido como Batuque de Santa Bárbara ou Batuque de Mina, trata-se de culto afro-ameríndio comum no Norte e no Nordeste do Brasil, notadamente no Pará.

No Babaçuê, cultuam-se Orixás e Voduns. Já no Batuque de Santa Bárbara, Iansã é protetora das mulheres e Xangô, dos homens. O Batuque de Mina, por sua vez, cultua Orixás.

O Babaçuê lembra o Candomblé de Caboclo e o Catimbó. Mescla crenças africanas e ameríndias, com forte influência da Nação Jeje. Seus cânticos são conhecidos como Doutrina.

Vale do Amanhecer

Religião sincrética que tem seu marco, no plano terreno, no ano de 1959, com os desdobramentos de sua fundadora carnal, Tia Neiva, com aprendizados no Tibete, com o Mestre Humahã.

A primeira comunidade do Vale do Amanhecer funcionou na Serra do Ouro, nas proximidades da cidade de Alexânia (GO). Depois de se mudar para Taguatinga, em 1969 alojou-se na zona rural de Planaltina, em região hoje conhecida como Vale do Amanhecer.

Pretos Velhos e Caboclos trabalham nas Linhas dos Orixás em atendimentos ao público nos diversos templos espalhados pelo país.

Culto aos Orixás

Chamada genericamente de Culto aos Orixás, trata-se de tendência e prática que visa a se aproximar ainda mais das raízes africanas, no que tange ao formato e à organização do culto em si, à liturgia, ao uso de línguas dos antepassados, dentre outros elementos.

Culto aos Eguguns

Trata-se do culto aos Ancestrais, os quais têm o merecimento de apresentar-se invocados em forma corporal. Apenas os espíritos devidamente preparados podem ser invocados e materializados.

Nos terreiros devotados aos Egunguns, a invocação dos ancestrais converte-se na essência do culto, e não a invocação dos Orixás, como nos terreiros de Candomblé. O culto aos ancestrais é também o culto ao respeito hierárquico, aos "mais velhos". Os Egunguns abençoam, aconselham, mas não são tocados e permanecem isolados dos encarnados, controlados pelos sacerdotes (ojés). Apresentam-se com vestimentas coloridas, ricas e com símbolos que permitem ao observador identificar sua hierarquia.

Os Egunguns mais antigos são conhecidos como Agbás, manifestam-se envolvidos por muitas tiras coloridas (*abalás*), espelhos e por um tipo de avental (bantê). Os mais jovens são os Aparakás, sem vestimenta e forma definidas. Nesse culto, manifestam-se apenas os ancestrais masculinos, sendo também cuidados apenas por homens, embora haja mulheres com funções específicas no culto. Por outro lado, Oyá Igbalé, também conhecida como Iansã Balé, é considerada e respeitada como rainha e mãe dos Egunguns, cultuada, portanto, em assentamento próprio e especial.

O foco do culto aos Egunguns em solo brasileiro seria a Ilha de Itaparica, a partir dos terreiros de Vera Cruz (cuja fundação data de cerca de 1820); da fazenda Mocamdo, em local conhecido como Tuntun; e da Encarnação. Todos esses terreiros são ancestrais do Ilê Agboulá, no Alto da Vela Vista. Já no continente, em Salvador, destacou-se o terreiro do Corta-Braço, na estrada das Boiadas, hoje o bairro da Liberdade.

Em contrapartida, as mulheres organizaram-se em sociedades como Geledé, Geledés ou Gueledés. Segundo Nei Lopes, Gueledés são "máscaras outrora usadas no candomblé do Engenho Velho, por ocasião da Festa dos Gueledés, em 8 de dezembro. O nome deriva do iorubá *Gèlèdé*, sociedade secreta feminina que promove cerimônias e rituais semelhantes ao da sociedade Egungum, mas não ligados a ritos funerários, como os daquela. Por extensão, passou a designar as cerimônias e as máscaras antropomorfas esculpidas em

madeira. No Brasil, a sociedade funcionou nos mesmos moldes iorubanos e sua última sacerdotisa foi Omoniké, de nome cristão Maria Júlia Figueiredo. Com sua morte, encerram-se as festas anuais, bem como a procissão que se realizava no bairro da Boa Viagem.". A própria Irmandade de Nossa Senhora da Boa Morte, fundamental para a organização do Candomblé tal qual o conhecemos hoje reflete a força do feminino no culto aos Orixás.

Catolicismo

A força da influência do Catolicismo na Umbanda pode ser, em linhas gerais, literal ou simbólica/sincrética.

Em virtude do sincretismo, a maioria dos templos umbandistas apresenta imagens católicas em seus altares. Contudo, há templos que se utilizam de imagens com representações ditas africanas dos Orixás, enquanto outros não usam imagem alguma, mas apenas quartinhas com pedras correspondentes (otás), por exemplo.

Interessante notar que mesmo nos templos que se valem de imagens católicas (a maioria), a imagem de Obaluaê costuma figurar ao lado das imagens de santos católicos aos quais esse Orixá é sincretizado, notadamente São Lázaro e São Roque. O mesmo vale para outros Orixás e os santos católicos correspondentes pelo sincretismo.

Nas palavras do célebre teólogo Leonardo Boff, em seu texto "O encanto dos Orixás,

> "Quando atinge grau elevado de complexidade, toda cultura encontra sua expressão artística, literária e espiritual. Mas ao criar uma religião a partir de uma experiência profunda do Mistério do mundo, ela alcança sua maturidade e aponta para valores universais. É o que representa a Umbanda, religião, nascida em Niterói, no Rio de Janeiro, em 1908, bebendo das matrizes da mais genuína brasilidade, feita de europeus, de africanos e de indígenas. Num contexto de desamparo social, com milhares de pessoas desenraizadas, vindas da selva e dos grotões do Brasil profundo, desempregadas, doentes pela insalubridade notória do Rio nos inícios do século 20, irrompeu uma fortíssima experiência espiritual.
>
> O interiorano Zélio Moraes atesta a comunicação da Divindade sob a figura do Caboclo das Sete Encruzilhadas da tradição indígena e do Preto

Velho da dos escravos. Essa revelação tem como destinatários primordiais os humildes e destituídos de todo apoio material e espiritual. Ela quer reforçar neles a percepção da profunda igualdade entre todos, homens e mulheres, se propõe potenciar a caridade e o amor fraterno, mitigar as injustiças, consolar os aflitos e reintegrar o ser humano na natureza sob a égide do Evangelho e da figura sagrada do Divino Mestre Jesus.

O nome Umbanda é carregado de significação. É composto de OM (o som originário do universo nas tradições orientais) e de BANDHA (movimento incessante da força divina). Sincretiza de forma criativa elementos das várias tradições religiosas de nosso pais criando um sistema coerente. Privilegia as tradições do Candomblé da Bahia por serem as mais populares e próximas aos seres humanos em suas necessidades. Mas não as considera como entidades, apenas como forças ou espíritos puros que através dos Guias espirituais se acercam das pessoas para ajudá-las. Os Orixás, a Mata Virgem, o Rompe Mato, o Sete Flechas, a Cachoeira, a Jurema e os Caboclos representam facetas arquetípicas da Divindade. Elas não multiplicam Deus num falso panteísmo mas concretizam, sob os mais diversos nomes, o único e mesmo Deus. Este se sacramentaliza nos elementos da natureza como nas montanhas, nas cachoeiras, nas matas, no mar, no fogo e nas tempestades. Ao confrontar-se com estas realidades, o fiel entra em comunhão com Deus.

A Umbanda é uma religião profundamente ecológica. Devolve ao ser humano o sentido da reverência face às energias cósmicas. Renuncia aos sacrifícios de animais para restringir-se somente às flores e à luz, realidades sutis e espirituais.

Há um diplomata brasileiro, Flávio Perri, que serviu em embaixadas importantes como Paris, Roma, Genebra e Nova York que se deixou encantar pela religião da Umbanda. Com recursos das ciências comparadas das religiões e dos vários métodos hermenêuticos elaborou perspicazes reflexões que levam exatamente este título O Encanto dos Orixás, desvendando-nos a riqueza espiritual da Umbanda. Permeia seu trabalho com poemas próprios de fina percepção espiritual. Ele se inscreve no gênero dos poetas-pensadores e místicos como Álvaro de Campos (Fernando Pessoa), Murilo Mendes, T. S. Elliot e o sufi Rumi. Mesmo sob o encanto, seu estilo é contido, sem qualquer exaltação, pois é esse rigor que a natureza do espiritual exige.

Além disso, ajuda a desmontar preconceitos que cercam a Umbanda, por causa de suas origens nos pobres da cultura popular, espontaneamente sincréticos. Que eles tenham produzido significativa espiritualidade e criado uma religião cujos meios de expressão são puros e singelos revela quão profunda e

rica é a cultura desses humilhados e ofendidos, nossos irmãos e irmãs. Como se dizia nos primórdios do Cristianismo que, em sua origem também era uma religião de escravos e de marginalizados, "os pobres são nossos mestres, os humildes, nossos doutores".

Talvez algum leitor/a estranhe que um teólogo como eu diga tudo isso que escrevi. Apenas respondo: um teólogo que não consegue ver Deus para além dos limites de sua religião ou igreja não é um bom teólogo. É antes um erudito de doutrinas. Perde a ocasião de se encontrar com Deus que se comunica por outros caminhos e que fala por diferentes mensageiros, seus verdadeiros anjos. Deus desborda de nossas cabeças e dogmas."

Espiritismo

O Espiritismo foi codificado por Allan Kardec (pseudônimo de Hyppolite Léon Denizard Rivail), no século XIX, e ganhou mundo, especialmente por meio de publicações (livros, jornais e revistas). No Brasil, é popularmente chamado de Kardecismo, até mesmo para diferenciá-lo de outras religiões, termo oficialmente não empregado pelos espíritas, segundo os quais seria equivocado, uma vez que a doutrina é dos espíritos, e não de Kardec.

Nas palavras do célebre médium espírita Chico Xavier, em entrevista em 1976,

> "Eu sempre compreendi a Umbanda como uma comunidade de corações profundamente veiculados a caridade com a benção de Jesus Cristo e nesta base eu sempre devotei ao movimento umbandista no Brasil o máximo de respeito e a maior admiração.
>
> (...)
>
> A meu ver o movimento de Umbanda no Brasil está igualmente ligado ao Espírito de amor do cristianismo. Sem conhecimento de alicerces umbandísticos para formar uma opinião específica eu prefiro acreditar que todos os umbandistas são também grandes cristãos construindo a grandeza da solidariedade cristã no Brasil para a felicidade do mundo.
>
> (...)
>
> Acredito que o mediunismo no movimento de Umbanda é tão respeitável quanto a mediunidade das instituições kardecistas com uma única diferença que eu faria se tivesse um estudo mais completo de Umbanda; é que seria extremamente importante se a mediunidade recebesse a doutrinação do espírita do evangelho com as explicações de Allan Kardec fosse onde até mesmo noutras

faixas religiosas que não fosse a Umbanda. Porque a mediunidade esclarecida pela responsabilidade decorrente dos princípios cristãos é sempre um caminho de interpretação com Jesus de qualquer fenômeno mediúnico."

Universalismo crístico

Movimento de universalização da Espiritualidade, focado em valores comuns a todos os seres humanos. No Brasil, tem-se destacado o chamado Universalismo Crístico, liderado pelo médium e escritor Roger Bottini Paranhos.

A respeito da Umbanda, ditou o espírito Hermes a Paranhos:

"– Meu jovem, eu creio que você está fazendo um julgamento sobre algo que desconhece. O poder dos trabalhos de Umbanda vem dos rituais que despertam as forças espirituais dos orixás. Não raro vejo espíritas com você em casas de Umbanda pedindo socorro aos pretos-velhos porque na Umbanda se trabalha com energias mais densas e difíceis de se dissipar. Não acho justo que você desmereça os trabalhos que realizamos com tanto amor pelos nossos semelhantes.

Rafael aguardou em silêncio e voltou a falar:

– Antes de tudo eu gostaria de lembrar a todos que não estou aqui na condição de espírita. Essa foi a minha religião de formação, mas não estou aqui para defendê-la; pelo contrário, ainda nessa noite exporemos aqui os pontos em que ela também deve ser chamada a uma reflexão, da mesma forma como devemos fazer com todas as religiões, inclusive os orientais como o Budismo, o Hinduísmo, o Islamismo, que devem também ser avaliadas conforme o crivo da razão no que concerne aos rituais.

Quanto aos ritos de Umbanda, posso afirmar que eles não deixarão de ser utilizados e muito menos serão recriminados. Estou aqui para preparar a visão espiritual do futuro, ou seja, para atender as novas gerações. E elas terão algo claro em mente: a certeza de que podemos realizar curas ou promover doenças, atrair espíritos de luz ou obsessores terríveis, encontrar felicidade ou depressão, tudo apenas com o poder de nossa mente, independentemente dos rituais."

Reglas

O Culto aos Orixás, Inquices, Voduns e outros espalhou-se e criou formatos próprios em países onde o elemento africano se fixou, notadamente pela

escravidão. Além do Brasil, o exemplo mais visível (mas não único) é o de Cuba, onde os cultos de origem afro são conhecidos genericamente como *santería*, vocábulo impreciso e "subversivo" como o brasileiro macumba. Por sua vez, a palavra *regla* é popularmente utilizada com o sentido de culto ou religião.

Dessa forma, em Cuba, encontram-se:

Regla de Ocha (origem iorubana/lucumí)	Cultos de Orixás iorubanos, comandada por um obá, com cânticos ao som de tambores batá. Compreende, à parte, a Regla de Ifá.
Regla de Mayombe, Regla de Palo Monte ou Regla de Palo (origem banta/conga)	A Regla de Mayombe é dividida em duas vertentes: mayombe judío, voltado para o mal, e mayombe cristiano.[3] Compreende subdivisões, como Brillumba ou Vryumba, Kimbisa e outras.

Ao lado dessas duas reglas principais, destaca-se também, em especial na província de Matanzas, a Regla Arara ou Arara Daomey.

Em especial, a partir do século XX, diversos países passaram a ter terreiros de Candomblé e Umbanda, cujas raízes, direta ou indiretamente, estão em casas brasileiras.

Inquices

Segundo o *Dicionário de Umbanda* (BARBOSA JR., 2015),

> Os Inquices são divindades dos cultos de origem banta. Correspondem aos Orixás iorubanos e da Nação Ketu. Dessa forma, por paralelismo, os Inquices, em conversas do povo-de-santo aparecem como sinônimos de Orixás.

3. Note-se que os termos "judío" e "cristiano" possuem aqui valoração de "negativo" e "positivo", o que precisa ser compreendido no contexto em que os termos foram atribuídos a cada mayombe. Certamente tal distinção, preconceituosa contra os judeus, é hoje revista. Grosso modo, o mesmo ocorre com o vocábulo português "pagão", o qual, em sua origem, não tem a acepção negativa de "não-cristão", mas "aquele que vem do campo" (nesse contexto, a Wicca se denomina orgulhosamente religião pagã).

Também entre o povo-de-santo, quando se usa o termo Inquice, geralmente se refere aos Inquices masculinos, ao passo que Inquice Amê refere-se aos Inquices femininos.

O vocábulo Inquice vem do quimbundo "Nksi" (plural: *Mikisi*), significando "Energia Divina".

Inquices mais conhecidos no Brasil

Aluvaiá, Bombo Njila ou Pambu Njila: Intermediário entre os seres humanos e os outros Inquices. Na sua manifestação feminina, é chamado Vangira ou Panjira. Paralelismo com o Exu nagô. De seu nome originou-se o vocábulo "Pombogira".

Nkosi, Roxi Mukumbe ou Roximucumbi: Inquice da guerra e senhor das estradas de terra. Paralelismo com o Orixá Ogum. Mukumbe, Biolê, Buré são qualidades de Roximucumbi.

Ngunzu: Inquice dos caçadores de animais, pastores, criadores de gado e dos que vivem embrenhados nas profundezas das matas, dominando as partes onde o Sol não penetra.

Kabila: O caçador e pastor. Aquele que cuida dos rebanhos da floresta. Paralelismo com o Orixá Oxóssi.

Mutalambô, Lambaranguange ou Kibuco Mutolombo: Caçador, vive em florestas e montanhas. Inquice da fartura, da comida abundante. Paralelismo com o Orixá Oxóssi.

Mutakalambô: Senhor das partes mais profundas e densas das florestas, onde o Sol não alcança o solo por não penetrar pela copa das árvores. Paralelismo com o Orixá Oxóssi.

Gongobira ou Gongobila: Jovem caçador e pescador. Paralelismo com o Orixá Logunedé.

Katendê: Senhor das Jinsaba (folhas). Conhece os segredos das ervas medicinais. Paralelismo com o Orixá Ossaim.

Nzazi, Zaze ou Loango: Inquice do raio e da justiça. Paralelismo com o Orixá Xangô.

Kaviungo ou Kavungo, Kafungê, Kafunjê ou Kingongo: Inquice da varíola, das doenças de pele, da saúde e da morte. Paralelismo com o Orixá Obaluaê.

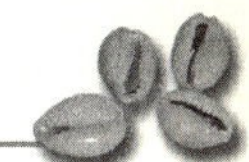

Nsumbu: Senhor da terra, também chamado de Ntoto pelo povo de Congo.

Hongolo ou Angorô (masculino) ou Angoroméa (feminino): Auxilia na comunicação entre os seres humanos e as divindades, sendo representado por uma cobra. Paralelismo com o Orixá Oxumaré.

Kindembu ou Tempo: Rei de Angola. Senhor do tempo e das estações. É representado, nas casas Angola e Congo, por um mastro com uma bandeira branca. Paralelismo com o orixá Iroco. Tempo é patrono da Nação Angola.

Kaiangu ou Kaiongo: Tem o domínio sobre o fogo. Paralelismo com o Orixá Iansã. Nomes/qualidades: Matamba, Bamburussenda, Nunvurucemavula Guerreira, tem domínio sobre os mortos (Nvumbe).

Ksimbi ou Samba: A grande mãe. Inquice de lagos e de rios. Paralelismo com o Orixá Oxum.

Ndanda Lunda ou Dandalunda: Senhora da fertilidade, da Lua, confunde-se, por vezes, com Hongolo e Kisimbi. Paralelismo com os Orixás Iemanjá e Oxum.

Kaitumba, Mikaia ou Kokueto: Inquice do Oceano, do Mar (Calunga Grande). Paralelismo com o Orixá Iemanjá.

Nzumbarandá, Nzumba, Zumbarandá, Ganzumba ou Rodialonga: A mais velha dos Inquices femininos, relacionada à morte. Paralelismo com o Orixá Nanã.

Nvunji: A mais jovem dos Inquices, senhora da justiça. Representa a felicidade da juventude e toma conta dos filhos recolhidos. Paralelismo com os Ibejis nagô.

Lemba Dilê, Lembarenganga, Jakatamba, Nkasuté Lembá ou Gangaiobanda: Ligado à criação do mundo. Paralelismo com o Orixá Oxalá.

Vodum

Segundo o Dicionário de Umbanda (BARBOSA JR., 2015),

> Vodum é divindade do povo Fon (antigo Daomé). Refere-se tanto aos ancestrais míticos quanto aos ancestrais históricos. No cotidiano dos terreiros, por paralelismo, o vocábulo é empregado também como sinônimo de Orixá. (É bastante evidente a semelhança de características entre os mais conhecidos Orixás, Inquices e Voduns.) "Vodum" é a forma aportuguesada de "vôdoun".

Ji-vodun	(Voduns do alto), chefiados por Sô (Heviossô).
Ayi-vodun	(Voduns da terra), chefiados por Sakpatá.
Tô-vodun	Voduns próprios de determinada localidade. Diversos.
Henu-vodun	Voduns cultuados por certos clãs que se consideram seus descendentes. Diversos.

Mawu (gênero feminino) é o Ser Supremo dos povos Ewe e Fon, que criou a terra, os seres vivos e os voduns. Mawu associa-se a Lissá (gênero masculino), também responsável pela criação, e os voduns são filhos e descendentes de ambos. A divindade dupla Mawu-Lissá é chamada de Dadá Segbô (Grande Pai Espírito Vital).

Mais conhecidos no Brasil:

Loko: É o vodum primogênito, representado pela árvore sagrada *Ficus idolatrica* ou *Ficus doliaria* (gameleira branca). Paralelismo com o Orixá Iroco.

Gu: Vodum dos metais, da guerra, do fogo e da tecnologia. Paralelismo com o Orixá Ogum.

Heviossô: Vodum dos raios e relâmpagos. Paralelismo com o Orixá Xangô.

Sakpatá: Vodum da varíola. Paralelismo com o Orixá Obaluaê.

Dã: Vodum da riqueza, representado pela serpente e pelo arco-íris. Paralelismo com o Orixá Oxumaré.

Agué: Vodum da caça e protetor das florestas. Paralelismo com o Orixá Oxóssi ou com o Orixá Ossaim.

Agbê: Vodum dono dos mares.

Ayizan: Vodum feminino dona da crosta terrestre e dos mercados.

Agassu: Vodum que representa a linhagem real do Reino do Daomé.

Aguê: Vodum que representa a terra firme.

Legba: Caçula de Mawu e Lissá, representa as entradas e saídas e a sexualidade. Paralelismo com o Orixá Exu.

Fá: Vodum da adivinhação e do destino. Paralelismo com o Orixá Orumilá.

Oralidade e religiões afro-brasileiras

Itãs

A oralidade é bastante privilegiada no Candomblé, tanto para a transmissão de conhecimentos e segredos (os awós) quanto para a aprendizagem de textos ritualísticos. Nesse contexto, entre cantigas e rezas (que recebem nomes diversos conforme a Nação), destacam-se os itãs e os orikis. Nem todas as casas de Umbanda trabalham com os itãs. Com os orikis, muito poucas, certamente com maior ocorrência nas ditas cruzadas com os Cultos de Nação.

Itãs são relatos míticos da tradição iorubá, notadamente associados aos 256 odus (16 odus principais X 16). Conforme a tradição afro-brasileira, cada ser humano é ligado diretamente a um Odu, que lhe indica seu Orixá individual, bem como sua identidade mais profunda. Variações à parte (Nações, casas etc.), os dezesseis Odus principais são distribuídos conforme a tabela na página seguinte.

O vocábulo "itã" quase não é empregado na Umbanda, contudo os relatos míticos/mitológicos se disseminam com variações, adaptações etc. por vezes são recontados.

Uma das características da Espiritualidade do Terceiro Milênio é a (re) leitura e a compreensão do simbólico. Muitos devem se perguntar como os Orixás podem ser tão violentos, irresponsáveis e mesquinhos, como nas histórias aqui apresentadas. Com todo respeito aos que creem nesses relatos ao pé da letra, as narrativas são caminhos simbólicos riquíssimos encontrados para tratar das energias de cada Orixá e de valores pessoais e coletivos. Ao longo do tempo puderam ser ouvidas e lidas como índices religiosos, culturais, pistas psicanalíticas, oralitura e literatura.

Caídas	Odus	Regências
1 búzio aberto e 15 búzios fechados	Okanran	Fala: Exu Acompanham: Xangô e Ogum
2 búzios abertos e 14 búzios fechados	Eji-Okô	Fala: Ibejís Acompanham: Oxóssi e Exu
3 búzios abertos e 13 búzios fechados	Etá-Ogundá	Fala: Ogum
4 búzios abertos e 12 búzios fechados	Irosun	Fala: Iemanjá Acompanham: Ibejís, Xangô e Oxóssi
5 búzios abertos e 11 búzios fechados	Oxé	Fala: Oxum Acompanha: Exu
6 búzios abertos e 10 búzios fechados	Obará	Fala: Oxóssi Acompanham: Xangô, Oxum, Exu
7 búzios abertos e 9 búzios fechados	Odi	Fala: Omulu/Obaluaê Acompanham: Iemanjá, Ogum, Exu e Oxum
8 búzios abertos e 8 búzios fechados	Eji-Onilé	Fala: Oxaguiã
9 búzios abertos e 7 búzios fechados	Ossá	Fala: Iansã Acompanham: Iemanjá, Obá e Ogum
10 búzios abertos e 6 búzios fechados	Ofun	Fala: Oxalufá Acompanham: Iansã e Oxum
11 búzios abertos e 5 búzios fechados	Owanrin	Fala: Oxumaré Acompanham: Xangô, Iansã e Exu
12 búzios abertos e 4 búzios fechados	Eji-Laxeborá	Fala: Xangô
13 búzios abertos e 3 búzios fechados	Eji-Ologbon	Fala: Nanã Buruquê Acompanha: Omulu/Obaluaê
14 búzios abertos e 2 búzios fechados	Iká-Ori	Fala: Ossaim Acompanham: Oxóssi, Ogum e Exu
15 búzios abertos e 1 búzio fechado	Ogbé-Ogundá	Fala: Obá
16 búzios abertos	Alafiá	Fala: Orumilá

Para vivenciar a espiritualidade das religiões de matriz africana de maneira plena, é preciso distinguir a letra e o espírito, não apenas no tocante aos mitos e às lendas dos Orixás, mas também aos pontos cantados, aos orikis etc. Quando se desconsidera esse aspecto, existe a tendência de se desvalorizar o diálogo ecumênico e inter-religioso, assim como a vivência pessoal da fé. O simbólico é um grande instrumento para a reforma íntima, o auto-aperfeiçoamento, a evolução.

Ressignificar esses símbolos, seja à luz da fé ou da cultura, é valorizá-los ainda mais, em sua profundidade e também em sua superfície, ou seja, em relação ao espírito e ao corpo, à transcendência e ao cotidiano, uma vez que tais elementos se complementam.

Um ouvinte/leitor mais atento à interpretação arquetípica psicológica (ou psicanalista) certamente se encantará com as camadas interpretativas da versão apresentada para o relato do ciúme que envolve Obá e Oxum em relação ao marido, Xangô. Os elementos falam por si: Oxum simula cortar as duas orelhas para agradar ao marido; Obá, apenas uma (o ciúme, como forma de apego, é uma demonstração de afeto distorcida unilateral, embora, geralmente, se reproduza no outro, simbioticamente, pela lei de atração dos semelhantes, segundo a qual não há verdugo e vítima, mas cúmplices, muitas vezes inconscientes). A porção mutilada do ser é a orelha, a qual, na abordagem holística, associa-se ao órgão sexual feminino, ao aspecto do côncavo, e não do convexo. Aliás, *auricula* (*orelha*, em latim) significa, literalmente, *pequena vagina*. O fato de não haver relação direta entre latim e iorubá apenas reforça que o inconsciente coletivo e a sabedoria ancestral são comuns a todos e independem de tempo e espaço.

Orikis

Na definição de Nei Lopes, oriki é uma "espécie de salmo o cântico de louvor da tradição iorubá, usualmente declamado ao ritmo de um tambor, composto para ressaltar atributos e realizações de um orixá, um indivíduo, uma família ou uma cidade.".

Enquanto gênero, o oriki é constantemente trazido da oralitura para a literatura, sofrendo diversas alterações. Uma delas é o chamado orikai, termo cunhado por Arnaldo Xavier, citado por Antonio Risério, para haicai (poema de origem japonesa com características próprias, porém também com uma série de adaptações formais específicas à poesia de cada país) que se apresente com oriki (especialmente no que tange ao louvor e à ressignificação de atributos dos Orixás).

Conforme visto acima, não é comum encontrar orikis na Umbanda, entretanto, por seu valor cultural e pela carga de significação/ressignificação dos Orixás, alguns orikis são transcritos.

Pontos cantados

Na Umbanda, os pontos cantados são alguns dos responsáveis pela manutenção da vibração das giras e de outros trabalhos. Verdadeiros mantras, mobilizam forças da natureza, atraem determinadas vibrações, Orixás, Guias e Entidades.

Com diversas finalidades, o ponto cantado impregna o ambiente de determinadas energias enquanto o libera de outras finalidades, representam imagens e traduzem sentimentos ligados a cada vibração, variando de Orixá para Orixá, Linha para Linha, circunstância para circunstância etc. Aliados ao toque e às palmas, o ponto cantado é um fundamento bastante importante na Umbanda e em seus rituais.

Em linhas gerais, dividem-se em pontos de raiz (trazido pela Espiritualidade) e terrenos (elaborados por encarnados e apresentados à Espiritualidade, que os ratifica).

MPB

Há pontos cantados que migraram para a Música Popular Brasileira (MPB) e canções de MPB que são utilizadas como pontos cantados em muitos templos.

Orações

Na oração, mais importantes que as palavras são a fé e o sentimento. Entretanto, as palavras têm força e servem como apoio expressar devoção, alegria, angústias etc.

Vale lembrar que, tanto na letra (palavras) quanto no espírito (motivação, sentimento), JAMAIS uma prece deve ferir o livre arbítrio de outrem. Ademais, ao orar, deve-se também abrir o coração para ouvir as respostas e os caminhos enviados pela Espiritualidade de várias maneiras, durante a própria prece, e ao longo de inúmeros momentos e oportunidades ao longo do dia e da caminhada evolutiva de cada um.

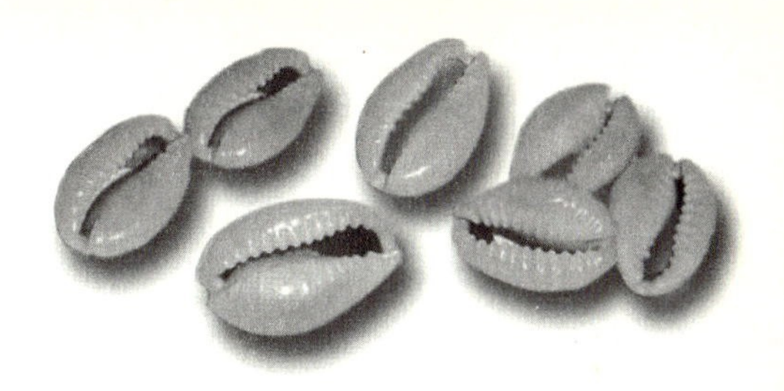

Os búzios

Os búzios são conchas de moluscos utilizados em assentamentos, paramentas, joias[4], oferendas e, sobretudo, no chamado jogo de búzios, com vertentes diversas. Também conhecidos como cauris, representam riqueza e prosperidade e já serviram como moeda, em África.

As respostas no jogo de búzios se dão pelo que se chama de búzios abertos ou búzios fechados. Comumente se diz que abertos são os búzios que apresentam a parte ovalada, enquanto fechados são os que apresentam a parte serrilhada. Determinados segmentos, contudo, compreendem de maneira diversa: o búzio aberto seria o que apresenta a parte serrilhada; o fechado o que mostra a parte ovalada. Há também jogadas em que os búzios não falam (e o jogo tem de ser adiado, por vezes precedido de banhos, entregas e outros) ou caem encavalados, com significados específicos.

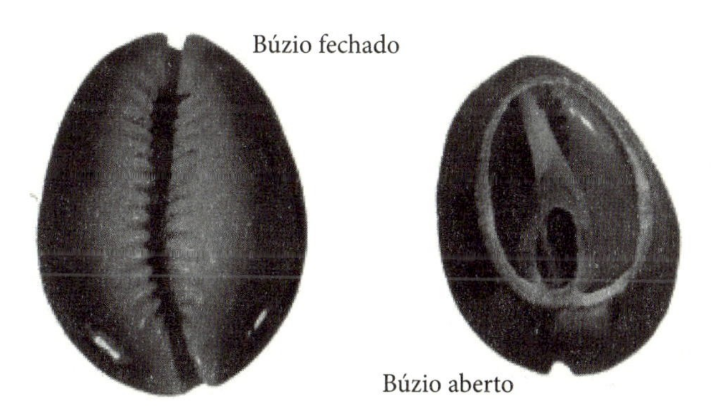

Visão mais comum do que seja búzio aberto e búzio fechado

4. A respeito do uso de búzios como joias, conforme o livro *Para conhecer o Candomblé* (BARBOSA JR., 2013), "*o anel de ouro com búzio incrustado é de uso exclusivo de ialorixás e babalorixás. Já o brinco com búzio incrustado, antes de uso exclusivo de ialorixás, caiu no uso popular, tornando-se adorno mesmo de quem não é da religião.*" (p. 100)

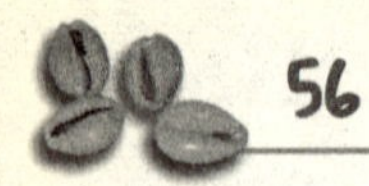

Jogam-se búzios pelas mais diversas razões: para identificar e/ou confirmar o Pai e Mãe de Cabeça[5], identificar bloqueios de ordem diversa, se há quizilas[6], obrigações[7], funções da pessoa numa casa religiosa[8] e outros, bem como antes de se iniciar um projeto, para saber da saúde, do andamento energético de um relacionamento amoroso etc.

---

5. Pelos búzios é possível identificarem-se os Orixás da coroa de um médium, bem como os Guias e Guardiões. Entretanto, a ocupação primeira sempre é a de identificar o Pai e a Mãe de cabeça (o "casal"). O chamado Orixá de cabeça, o primeiro (Pai ou Mãe) é conhecido como Eledá (*Dicionário de Umbanda* - BARBOSA JR., 2015, p. 87).

6. O *Dicionário de Umbanda* (BARBOSA JR., 2015, p. 48) registra: "*Elementos incompatíveis: as chamadas quizilas (Angola), os euós (iorubá) ou contra-axé são energias que destoam das energias dos Orixás, seja no tocante à alimentação, hábitos, cores etc. No caso da Umbanda, as restrições alimentares, de bebidas, cores etc. ocorrem nos dias de gira, em períodos e situações específicas. Fora isso, tudo pode ser consumido, sempre de modo equilibrado. Contudo, como no Candomblé, há elementos incompatíveis em fundamentos, cores, banhos etc.*"

7. Segundo o *Dicionário de Umbanda* (BARBOSA JR., 2015, p. 156), "*Cada vez mais se consideram as obrigações não apenas como um compromisso, mas, literalmente como uma maneira de dizer obrigado(a).*

   Em linhas gerais, as obrigações se constituem em oferendas feitas para, dentre outros, agradecer, fazer pedidos, reconciliar-se, isto é, reequilibrar a própria energia com as energias dos Orixás. Os elementos oferendados, em sintonia com as energias de cada Orixá, serão utilizados pelos mesmos como combustíveis ou repositores energéticos para ações magísticas, da mesma forma que o álcool, o alimento e o fumo utilizados quando o médium está incorporado. Daí a importância de cada elemento ser escolhido com amor, qualidade, devoção e pensamento adequado.

   Existem obrigações menores e maiores, variando de terreiro para terreiro, periódicas ou solicitadas de acordo com as circunstâncias, conforme o tempo de desenvolvimento mediúnico e a responsabilidade de cada um com seus Orixás, com sua coroa, como no caso da saída, quando o médium deixa o recolhimento e, após período de preparação, apresenta solenemente seu Orixá, ou é, por exemplo, apresentado como sacerdote ou ogã e outros.

   Embora cada casa siga um núcleo comum de obrigações fixadas e de elementos para cada uma delas, dependendo de seu destinatário, há uma variação grande de cores, objetos, características. Portanto, para se evitar o uso de elementos incompatíveis para os Orixás, há que se dialogar com a Espiritualidade e com os dirigentes espirituais, a fim de que tudo seja corretamente empregado ou, conforme as circunstâncias, algo seja substituído."

8. A esse respeito, no romance *O Caminho das pedras* (BARBOSA JR., 2015), o mentor de Miguel afirma: "*- Miguel - disse meu Mentor -, todos somos especiais, porém, por vezes, muitos de nós nos achamos mais especiais que os outros. Lutamos para sermos os melhores, ou ainda, melhores do que os outros, mas a tarefa evolutiva prescinde que sejamos hoje melhores do que fomos ontem. Numa casa religiosa, existem funções, e não cargos. Mas, se usarmos a palavra "cargo", comum às religiões de matriz africana em geral, embora pouco comum na Umbanda, devemos nos lembrar de que "cargo" é aquilo que se carrega, mas não como peso, e sim como presente, responsabilidade, talento a ser desenvolvido, multiplicado e compartilhado.*" (pp. 61-62)

A cobrança pelo jogo de búzios não se constitui numa comercialização do sagrado. Se representa o pagamento pelo tempo dedicado por quem faz a leitura, não deve ser motivo de exclusão daquele que não pode, no momento, pagar pela leitura.

No caso específico da Umbanda, em que não se cobra solo, mão etc., a cobrança de pelo jogo de búzios é chancelada por W. W. Matta e Silva pela chamada Lei de Salva: quando um sacerdote umbandista, em virtude da grande demanda, acaba por dedicar-se o tempo todo à vida do terreiro, utiliza-se dos oráculos como meio de sobrevivência, em outras palavras, como fonte de renda e manutenção de si mesmo e de sua família. Por outro lado e em outro contexto, há também casos de sacerdotes que não cobram pelo jogo de búzios ou solicitam contribuições destinadas ao terreiro, e não para seu sustento.

De modo geral, ainda é pequeno o uso de oráculos na Umbanda, mesmo para identificação de Orixás, Guias e Guardiões, o que é feito comumente durante o desenvolvimento mediúnico, por meio dos pontos riscados e outros procedimentos. Entretanto, ao lado dos búzios e em virtude da pluralidade e diversidade das matrizes e das linhas de Umbanda, ao lado dos búzios encontramos também o uso de cartas diversas e runas, dentre outros oráculos.[9]

Também na Umbanda, embora não seja consenso, encontram-se Guias que se valem de oráculos. Se, por estarem no plano espiritual, não necessitam diretamente dos mesmos, deles se utilizam para melhor compreensão por parte dos consulentes. Assim, há caboclos guias-chefes que, pela incorporação em seus médiuns, se valem dos búzios; espíritos ciganos que jogam cartas; etc.

---

9. Há, inclusive, o caso de oráculos combinados, seja na Umbanda, seja no Candomblé ou em outros segmentos. Conforme afirma Letícia Góngora, do Palo Monte cubano, *"Quase nunca emprego os cocos, os búzios e os baralhos separadamente. E uso-os como um sistema único porque estou convencida de que é como se me sentasse para assistir televisão e desligasse o áudio. Ou seja, tudo tem que funcionar sincronizadamente para mim."* (MARTÍ, 1994)

Sistema oracular

Para contextualizar o jogo de búzios em sua forma mais conhecida, vejam-se algumas observações a respeito do culto a Ifá.

Culto a Ifá

O Culto a Ifá, cujo patrono é Orumilá (símbolo: camaleão), tem crescido no Brasil, havendo diversas casas a ele dedicadas. O sacerdote de Ifá é o Babalaô ("pai do segredo"; não confundir com o babalaô de Umbanda, sinônimo de dirigente espiritual ou babá). O Alabá ("alabá" é também o sacerdote-chefe da sociedade secreta Egungum, bem como título de honra de algumas autoridades do Candomblé) é o chefe dos Oluôs (o oluô é um grau entre os sacerdotes de Ifá). O iniciante é chamado de Kekereaô-Ifá, tornando-se Omo-Ifá (filho de Ifá) após o chamado pacto.

O sistema divinatório de Ifá, aliás, não se restringe apenas aos búzios, mas abarca outras técnicas, dentre elas os iquines (16 caroços de dendê) e o opelê (corrente fina, aberta em duas, contendo cada parte 4 caroços de dendê).

Alguns sistemas

Alguns dos tantos sistemas de leitura mais comuns no Brasil.

Leitura das caídas por Pai Ronaldo Linares

A leitura proposta por Pai Ronaldo Linares aponta, sobretudo, as caídas formando ferramentas e outros sinais que referentes a cada Orixá. Assim, se uma caída propuser um ibiri, refere-se a Nanã e assim sucessivamente. Tal conceito já está presente em outras tradições afros, embora a maioria dos ledores se paute pelo caminho dos Odus.

Segundo Pai Ronaldo (LINARES, 2007), a peneira de búzios deve conter apenas os mesmos. Nas palavras do sacerdote umbandista e autor,

> (...) se ao efetuar o jogo houver na peneira dinheiro, ouro, pedras, badulaques, ímãs, búzios cortados etc., eles representam a vontade do "Babalaô" e podem significar desconhecimento ou má fé. (...)

Descontado os exageros personalistas por parte de alguns ledores, evidentemente não se deve generalizar, uma vez que determinados elementos são utilizados na peneira como fundamentos e indicados pelos próprios Orixás, Guias e Guardiões. Além disso, há os que, por exemplo, jogam em peneiras e os que leem os búzios entre guias, enquanto outros se utilizam das peneiras, colocando guias nas mesmas.

A título de exemplo da diversidade de seleção de materiais para a organização dos modos de leitura, Nívio Ramos Sales (SALES, 2005), indica a seguinte composição para o jogo de búzios:

> Uma mesa ou, de preferência, uma esteira, sobre a qual será disposto o material para a realização do jogo.

> Uma toalha que forrará a mesa.
>
> Uma peneira de palha (urupema), dentro da qual será feito o jogo.
>
> Um círculo de colares de miçangas nas cores dos orixás, começando com o de Exu, que circundará a peneira, delimitando o espaço sagrado.
>
> Dezesseis búzios com seu dorso (a parte originalmente fechada) cortado (bem aberto, para dar mais equilíbrio ao búzio quando ele cair sobre a mesa. Desses dezesseis búzios, um é sempre maior, representando Exu.
>
> Duas pedrinhas (otás) de tom escuro. O otá masculino é comprido, alongado; o otá feminino é redondo.
>
> Moedas antigas.
>
> Sementes diversas, principalmente olho-de-Exu.
>
> Um copo de cristal liso, que ficará sempre cheio com água durante o jogo.
>
> Uma vela, que deve ficará acesa durante o jogo. (pp. 20-21)

Pai Omolubá (OMOLUBÁ & PORTUGAL FILHO, 2006), por sua vez, registra:

> Vamos encontrar, também, fora do círculo: pedrinhas, moedas antigas, patuás, caveira pequena, figas, conchas marinhas que referenciam acontecimentos, e ratificam obviamente o enunciado. O recado transmitido pelo Parceiro ao Jogador. (p. 45)

A importância das moedas, por exemplo, é apontada por Giovani Martins ao tratar do jogo de búzios no ritual de Umbanda Almas e Angola (MARTINS, 2013):

> No jogo de búzios, as moedas abrem um novo canal de possibilidades e interpretações. Colocadas em pontos específicos na tábua de Ifá ou peneira de jogo representam portais, indicando os sete portais sagrados.
>
> Para colocar as moedas na peneira, deve-se em primeiro lugar dividir a peneira em oito partes iguais como é feito, por exemplo, com uma pizza. As duas fatias que ficam na parte superior na peneira representam o Portal Espiritual, as demais fatias seguem o sentido horário e representam, respectivamente, o Portal da Família, o Portal da Saúde, o Portal Profissional, o Portal dos Problemas, o Portal dos Relacionamentos e o Portal das Realizações. (p. 81)

A Revista Candomblés (Ano I, número 6, p. 47), por sua vez, registra na matéria "Búzios – Mirindilogun: o jogo dos 16 Odus" o item "Metodologia do Jogo" da seguinte maneira:

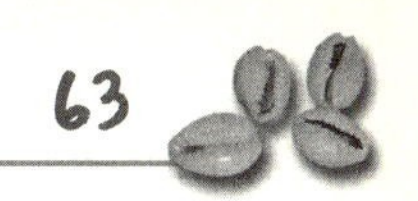

> Em geral, estende-se um pano branco e coloca-se sobre o mesmo as guias dos Orixás, formando um círculo por dentro do qual serão jogados os búzios – essa arrumação é essencial para que as guias e os búzios possam receber força, proteção e permissão dos Orixás para a obtenção dos Odus que representam o resultado do jogo. Em cada resultado surge uma combinação dos búzios.
>
> Antes de iniciar os trabalhos, é importante a lavagem dos búzios com um banho de ervas: Santa Luzia, Saião, Alevante, Fortuna, Orepepê, seivas de Alfazema, açúcar com milho cozido de Oxalá e Macaça. Os búzios devem ficar no sereno durante uma noite de lua cheia; no dia seguinte, lava-se com ervas, água corrente e mel antes do nascer do sol. Depois de deixá-lo descansar por algumas horas, estão prontos para serem utilizados na leitura. As guias colocadas sobre o pano branco são definidas por meio das cores que representam os Orixás; cada guia deverá ter 96 contas.
>
> Exu: vermelhas e pretas intercaladas; Ogum: azuis-escuras foscas; Oxóssi: azul-turquesa foscas ou verde-água; Xangô: brancas e vermelhas foscas intercaladas; Iansã: vermelhas (Angola) ou marrom (Keto); Oxum: amarelo-ouro; Obá: vermelho-rubi; Logun-Edé: azul-turquesa e amarelo-ouro intercaladas; Nanã: brancas com riscos lilases e brancas; Ibeji: todas as cores intercaladas ou rosa fosco; Obaluaê: brancas e pretas intercaladas (Angola) ou marrons rajadas (Keto); Ossaim: brancas e verdes intercaladas; Euá: vermelho-claro e amarelo-ouro intercaladas e Oxalá: brancas.
>
> O pano branco deve ser virgem e sobre este deve ser colocada uma vela acesa, um defumador de Oxalá e um copo de água filtrada. O sacerdote responsável pelo jogo, aquele que interpreta o Odu, deve estar descalço, não deve fumar durante o jogo nem ingerir bebida alcoólica. Deve-se também pedir permissão para o jogo ao Orixá do dia: segunda: Exu e Obaluaê; terça: Nanã, Oxumaré e Ogum; quarta: Xangô e Iansã; quinta: Oxóssi e Logun-Edé; sexta: Oxalá; sábado: Iemanjá, Oxum e Ibeji; domingo: todos os Orixás.

De fato, a diversidade é tão grande que, por exemplo, há segmentos afro-brasileiros mais tradicionais que ensinam a não se abrirem os búzios na sexta, por ser dia de Oxalá.

Certamente variam os modos de preparação de quem lê os búzios, tanto no Candomblé quanto na Umbanda e no culto a Ifá, bem como as maneiras de se prepararem os próprios búzios. A título de exemplo dessa diversidade, encontramos no trabalho de Pai Ronaldo Linares (LINARES, 2007), descrições específicas, por vezes diferentes das mais tradicionais, afeitas ao Candomblé ou a outros segmentos afros ou afro-brasileiros. Na formação oferecida pela Federação Umbandista do Grande ABC, Pai Ronaldo, juntamente com os demais coordenadores do curso (Babá Dirce e Diamantino Trindade), preconiza o trabalho com os búzios, os quais, além do aprendizado da forma peculiar de leitura dos búzios ensinada por ele, Pai Ronaldo, prevê três momentos especiais: a) o preparo e a consagração dos búzios; b) o preparo e a consagração da peneira e c) a consagração a Ifá.

Vale lembrar que Pai Ronaldo Linares foi iniciado no Candomblé pelo Babalorixá Joãozinho da Gomeia e privou da amizade pessoal de Pai Zélio Fernandino de Moraes, médium do Caboclo das Sete Encruzilhadas (fundador da Umbanda no plano dos encarnados), cuja história resgatou e propagou em programas de rádio, entrevistas, livros e outros.[10]

Também variam as maneiras de preparação para quem lê os búzios (alimentação, cuidados específicos, dias da semana etc.). Contudo, apresenta-se como consenso o chamado *corpo limpo*.

Segundo o *Dicionário de Umbanda* (BARBOSA JR., 2015), e o mesmo vale para o Candomblé e outros segmentos,

> Para diversos rituais da Umbanda, inclusive as giras, pede-se, além de alimentação leve, a abstenção de álcool e que se mantenha o "corpo limpo", expressão utilizada em muitos terreiros e que representa a abstenção de relações sexuais.
>
> No caso da abstenção de álcool, o objetivo é manter a consciência desperta e não permitir que se abram brechas para espíritos e energias com vibrações deletérias. No tocante à abstenção sexual, a expressão "corpo limpo" não significa que o sexo seja algo sujo ou pecaminoso: em toda e qualquer relação, mesmo a mais saudável, existe uma troca energética; o objetivo da abstenção, portanto, é que o médium mantenha concentrada a própria energia e não se deixe envolver, ao menos momentaneamente, pela energia de outra pessoa, em troca íntima.
>
> O período dessas abstenções varia de casa para casa, mas geralmente é de um dia. Pode ser da meia-noite do dia do trabalho até a "outra" meia-noite, ou

---

10. Certamente um grande ícone da Umbanda, a Pai Ronaldo, dentre outras iniciativas, cabem o Congá vivo e o Santuário Nacional de Umbanda. Segundo o *Dicionário de Umbanda* (BARBOSA JR., 2015),

> do meio-dia do dia anterior ao trabalho até as 12h do dia seguinte ao trabalho etc. Há períodos maiores de abstenções chamados de preceitos ou resguardos.
>
> Em casos de banhos e determinados trabalhos, além de época de preceitos e resguardos, também há dieta alimentar específica, além de cores de vestuário que devem ser evitadas, salvas exceções como as de uniformes de trabalho, por exemplo. (pp. 63-64)

Quanto à formação dos ledores de búzios, há quatro correntes principais, embora nem sempre seja consenso:

a) Os que se iniciam em Ifá;
b) Os que aprendem e dão obrigação, consagram-se a Ifá, mas não necessariamente se iniciam no culto a Ifá;
c) Os que já nascem "prontos", sabendo ler os búzios, por inspiração ou por aprendizado em vidas anteriores.
d) Os que incorporam Guias que leem os búzios, sem ter qualquer conhecimento a respeito de como lê-los e interpretá-los.

Giovani Martins (MARTINS, 2013), ao tratar do jogo de búzios em Umbanda Almas e Angola, sustenta que

É importante que os futuros jogadores de búzios sejam iniciados e estejam prontos para manusearem os objetos sagrados contidos na chamada Tábua de Ifá, ou simplesmente peneira de búzios. Não é aconselhável jogar búzios sem antes ter passado pelos rituais de iniciação. São eles que garantem a veracidade nas interpretações, abrindo o canal astral de vidência e sapiência perante as possibilidades fornecidas por tal "magia".

> Aprende-se a jogar ou interpretar as caídas do jogo à medida que se tem desvendado os mistérios que envolvem o culto aos Orixás.
>
> Os mais antigos sacerdotes ou jogadores de búzios diziam que ler e interpretar as quedas no oráculo exigem conhecimento profundo sobre a temática em questão. Na África antiga, as quedas eram realizadas utilizando-se sementes e outros objetos sagrados. No Brasil, a utilização de búzios tornou-se uma prática comum a quase todos os atuais Pais e Mães de Santo.
>
> No Ritual de Almas e Angola a difusão da prática no jogo de búzios é recente, ou seja, ocorreu na década de 1990. Introduzida ao Ritual de Almas

e Angola por Guilhermina Barcelos (Mãe Ida de Xangô) as técnicas para o jogo de búzios hoje são repassadas aos Pais e Mães de Santo durante a Camarinha, recebendo o que chamam de "Mão de Búzios". Após esse procedimento ficam durante o período de três meses preparando-se e estudando para posteriormente jogarem, atendendo a consulentes e filhos de santo. Atualmente existem obrigações específicas para Mão de Búzios, não necessariamente ocorrendo nas obrigações de camarinha. (pp. 52-53)

Opelê Ifá

Conforme apontado acima, o opelê também pertence ao sistema divinatório de Ifá. Conforme assinala a Enciclopédia Brasileira da Diáspora Africana (LOPES, 2004), o opelê é

> Instrumento de consulta ao oráculo Ifá. Consta de uma fina corrente aberta em duas, cada uma das partes contendo, de espaço a espaço, quatro metades de caroço de dendê. Atirada a corrente aleatoriamente sobre a esteira, a configuração surgida (tantas faces côncavas ou convexas à mostra) determinará o odu através do qual Orumilá está se manifestando. Diz-se também "opelê Ifá". Do iorubá opele. (p. 497)

O Oráculo de Ifá, como visto acima possui diversos instrumentos. Ao tratar do jogo de búzios em Umbanda Almas e Angola, Giovani Martins (MARTINS, 2013) o sintetiza da seguinte maneira:

> 1. *OPON-IFÁ:* Tabuleiro ritual usado durante a divinação.
> 2. *ÌROFÁ:* Bastão de madeira ou marfim, usado para "chamar" Ifá.
> 3. *ÍKÍN:* Coquinho de dendê, fetiche de Òrúnmilá. São usados em número de dezesseis.
> 4. *YEROSUN:* Pó divinatório usado no opon-ìfá.
> 5. *OPELÊ-IFÁ:* Dispositivo auxiliar que representa a corrente mística que une o Orún (espaço) ao Aiyè (Terra).
> 6. *OLORÍ-ÌKÍN:* "Vigia do jogo", o décimo sétimo ìkín representando Èsú (Exu).
> 7. *AJÈ-IFÁ:* Ane composto por dezesseis búzios onde ficam o olorí-ìkín e vários outros instrumentos. (pp. 50-51)

Método da Oxum

Entusiasta deste método, Pai Omolubá (OMOLUBÁ & PORTUGAL FILHO, 2006) assim o define:

> O Jogo da Oxum, também conhecido por "Jogo de Rua", é constituído de 16 búzios pequenos (***relatores***) e de 3 búzios maiores (***confirmadores***).
>
> Os 16 búzios pequenos servem para configurar a leitura de acordo com o contrato estipulado entre o Jogador e o Parceiro residente no plano astral. Os 3 búzios confirmadores são utilizados de vez em quando em apenas 2 jogadas para ratificar, confirmar a jogada anterior feita com os búzios relatores. Os búzios grandes e pequenos quanto mais abertos (caídos para cima) são sempre positivos. Fechados, negativos.
>
> O leitor pode usar o seu próprio Contrato de acordo com o seu Parceiro (a), mas não pode fugir da disposição de caída dos "abertos" e "fechados".
>
> O Jogador é antes de tudo um médium, dotado pelo menos de duas percepções atuantes: clauriaudiência e de efeitos físicos (paraquinésia ou paracinésia), para o jogo de búzios. Se, por acaso, for psicógrafo, incorporativo, vidente etc., essas faculdades serão bem-vindas para o seu ofício de Jogador de búzios, mas não são necessárias. (pp. 43-44)

Técnica dos Barracões

Giovani Martins (MARTINS, 2013) a descreve em pormenores em seu livro sobre o jogo de búzios no ritual de Umbanda Almas e Angola. Segundo o autor,

> Nesta técnica são considerados os conjuntos numéricos formados pela disposição dos búzios em cada queda.
>
> Os barracões na realidade representam as numerologias formadas dentro de uma mesma queda, partindo da proximidade de alguns búzios e os conjuntos por eles formados. Vejamos: quando em uma queda abrem 6 búzios formando dois conjuntos de 3 búzios, fala-se que ocorreram dois barracões de 3. Na mesma queda de 6 búzios abertos, quando ocorre a formação de três conjuntos com 2 búzios abertos em cada conjunto, fala-se em três barracões de 2.
>
> Na técnica dos barracões as associações numéricas são inúmeras, abrindo-se um grande leque de possibilidades e situações diferenciadas.

> Com essa técnica, o jogo ganha um caráter mais amplo e a numerologia passa a ser algo fundamental dentro do processo interpretativo. Nas 16 quedas existentes no jogo, em cada uma existem outras tantas possibilidades de situações a serem analisadas. Cada queda traz uma situação distinta e faz com que o jogo ganhe um papel de grande responsabilidade e definições. Quanto maior o número de búzios abertos, maiores serão as possibilidades de situações interpretativas. A técnica dos barracões é considerada uma das mais completas, pois possibilita várias jogadas para um mesmo consulente. Dessa forma são várias as jogadas e interpretações durante um único atendimento. Para o Pai e/ou Mãe de Santo a técnica dos barracões é muito mais interessante, pois possibilita uma série de intervenções durante o jogo, ampliando significativamente o tempo de atendimento, satisfazendo o consulente ou o filho de santo. (pp. 73-74)

Como exemplo das possibilidades para as 16 caídas, segue o exemplo de 5 búzios abertos:

> Possibilidades de um barracão de 5, um de 1+4, um de 1+1+3, um de 1+1+1+2, um de 1+1+1+1+1, um de 2+2+1 e um de 2+3. (p. 74)

Jogo da Alobaça (cebola)

Muito parecido com o jogo de cocos, evidentemente, com variações.

Jogo de cocos

Síntese a partir das explicações de Letícia Góngora (MARTÍ, 1994, pp. 58-63):

Caídas	Nomes	Significados
Quatro cocos de boca para cima.	Alafia	Paz, bem-estar, felicidade.
Três cocos de boca para cima.	Itawo	Infortúnio.
Dois cocos de boca para cima.	Ellife	Sim.
Um coco de boca para cima.	Okana	Negação.
Todos os cocos de boca para baixo.	Oyekun	Negatividade.

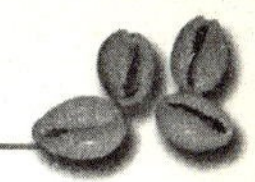

Congá Vivo

Consiste na montagem de um congá (altar) em que atores interpretam os Orixás tais quais são representados e/ou sincretizados na Umbanda.

O Congá Vivo surgiu por iniciativa de Pai Ronaldo Linares, no início da década de 1970, como uma minipeça contando o nascimento da Umbanda. A partir daí o Congá Vivo passou a ser apresentado em diversas ocasiões. (p. 62)

Santuário Nacional de Umbanda

Fundado e administrado por Pai Ronaldo Linares, o Santuário Nacional de Umbanda é uma reserva ecológica mantida pela Federação Umbandista do Grande ABC, com vistas a oferecer local apropriado para a prática dos rituais umbandistas.

Com 645.000 m^2 de mata nativa recuperada, possui diversos lotes que podem ser utilizados por terreiros (alguns o fazem de modo permanente), loja de artigos religiosos, espaço para oferendas de Umbanda e Candomblé (não é permitido o corte no Santuário), cantina, banheiros, cachoeira e outros. (p. 202)

Orixás

Abaixo apresentamos alguns dos Orixás mais diretamente ligados jogo de búzios. A seguir, outros são apresentados. Nas informações selecionadas para se explicar cada jogada, deve-se considerar que, embora nem todos os mais conhecidos Orixás apareçam, isso não significa que não respondam. Ademais, nem todos os Orixás que assumem coroa no Candomblé também o fazem na Umbanda, havendo encaminhamentos de iniciação/desenvolvimento próprios.

Embora apresentemos relatos mitológicos mais próximos do Candomblé, a conceituação de Orixá é mais afeita à Umbanda.

Etimologicamente e em tradução livre, Orixá significa "a divindade que habita a cabeça" (Em iorubá, "ori" é cabeça, enquanto "xá", rei, divindade.), e é associado comumente ao diversificado panteão africano, trazido à América pelos negros escravos. A Umbanda Esotérica, por sua vez, reconhece no vocábulo Orixá a corruptela de "Purushá", significando "Luz do Senhor" ou "Mensageiro do Senhor".

Cada Orixá relaciona-se a pontos específicos da natureza, os quais são também pontos de força de sua atuação. O mesmo vale para os chamados quatro elementos: fogo, terra, ar e água.

Portanto, os Orixás são agentes divinos, verdadeiros ministros da Divindade Suprema (Deus, Princípio Primeiro, Causa Primeira etc.), presentes nas mais diversas culturas e tradições espirituais/religiosas, com nomes e cultos diversos, como os Devas indianos.

Visto que o ser humano e seu corpo estão em estreita relação com o ambiente (O corpo humano em funcionamento contém em si água, ar, componentes associados a terra, além de calor, relacionado ao fogo.), seu Orixá pessoal tratará de cuidar para que essa relação seja a mais equilibrada possível.

Tal Orixá, Pai ou Mãe de Cabeça, é conhecido comumente como Eledá e será responsável pelas características físicas, emocionais, espirituais etc. de seu

filho, de modo a espelhar nele os arquétipos de suas características, encontrados nos mais diversos mitos e lendas dos Orixás. Auxiliarão o Eledá nessa tarefa outros Orixás, conhecidos como Juntós, ou Adjuntós, conforme a ordem de influência, e ainda outros.

Na chamada "coroa de um médium de Umbanda" ainda aparecem os Guias e as Entidades, em trama e enredo bastante diversificados. Embora, por exemplo, geralmente se apresente para cada médium um Preto-Velho, há outros que o auxiliam, e esse mesmo Preto-Velho poderá, por razões diversas, dentre elas missão cumprida, deixar seu médium e partir para outras missões, inclusive em outros planos.

De modo geral, a Umbanda não considera os Orixás que descem ao terreiro como energias e/ou forças supremas desprovidas de inteligência e individualidade.

Para os africanos, e tal conceito reverbera fortemente no Candomblé, Orixás são ancestrais divinizados, que incorporam conforme a ancestralidade, as afinidades e a coroa de cada médium.

No Brasil, teriam sido confundidos com os chamados Imolês, isto é, Divindades Criadoras, acima das quais aparece um único Deus: Olorum ou Zâmbi.

Na linguagem e concepção umbandistas, portanto, quem incorpora numa gira de Umbanda não são os Orixás propriamente ditos, mas seus falangeiros, em nome dos próprios Orixás. Tal concepção está de acordo com o conceito de ancestral (espírito) divinizado (e/ou evoluído) vivenciado pelos africanos que para cá foram trazidos como escravos.

Mesmo que essa visão não seja consensual (Há quem defenda que tais Orixás já encarnaram, enquanto outros segmentos umbandistas – a maioria, diga-se de passagem – rejeitam esse conceito.), ao menos se admite no meio umbandista que o Orixá que incorpora possui um grau adequado de adaptação à energia dos encarnados, o que seria incompatível para os Orixás hierarquicamente superiores.

Na pesquisa feita por Miriam de Oxalá a respeito da ancestralidade e da divinização de ancestrais, aparece, dentre outras fontes, a célebre pesquisadora Olga Guidolle Cacciatore, para quem,

> [...] os Orixás são intermediários entre Olórun, ou melhor, entre seu representante (e filho) Oxalá e os homens. Muitos deles são antigos reis, rainhas ou heróis divinizados, os quais representam as vibrações das forças elementares da Natureza – raios, trovões, ventos, tempestades, água, fenômenos naturais como o arco-íris, atividades econômicas primordiais do homem primitivo – caça, agricultura – ou minerais, como o ferro que tanto serviu a essas atividades de sobrevivência, assim como às de extermínio na guerra. [...]

Entretanto, e como o tema está sempre aberto ao diálogo, à pesquisa, ao registro de impressões, conforme observa o médium umbandista e escritor Norberto Peixoto, é possível incorporar a forma-pensamento de um Orixá, a qual é plasmada e mantida pelas mentes dos encarnados. Em suas palavras,

> [...] era dia de sessão de preto(a) velho(a). Estávamos na abertura dos trabalhos, na hora da defumação. O congá 'repentinamente' ficou vibrado com o orixá Nanã, que é considerado a mãe maior dos orixás e o seu axé (força) é um dos sustentadores da egrégora da Casa desde a sua fundação, formando par com Oxóssi. Faltavam poucos dias para o amaci (ritual de lavagem da cabeça com ervas maceradas), que tem por finalidade fortalecer a ligação dos médiuns com os orixás regentes e guias espirituais. Pedi um ponto cantado de Nanã Buruquê, antes dos cânticos habituais. Fiquei envolvido com uma energia lenta, mas firme. Fui transportado mentalmente para a beira de um lago lindíssimo e o orixá Nanã me 'ocupou', como se entrasse em meu corpo astral ou se interpenetrasse com ele, havendo uma incorporação total. (...) Vou explicar com sinceridade e sem nenhuma comparação, como tanto vemos por aí, como se a manifestação de um ou outro (dos espíritos na umbanda versus dos orixás em outros cultos) fosse mais ou menos superior, conforme o pertencimento de quem os compara a uma ou outra religião. A 'entidade' parecia um 'robô', um autômato sem pensamento contínuo, levado pelo som e pelos gestos. Sem dúvida, houve uma intensa movimentação de energia benfeitora, mas durante a manifestação do orixá minha cabeça ficou mentalmente vazia, como se nenhuma outra mente ocupasse o corpo energético do orixá que dançava, o que acabei sabendo depois tratar-se de uma forma-pensamento plasmada e mantida 'viva' pelas mentes dos encarnados.

No cotidiano dos terreiros, por vezes o vocábulo Orixá é utilizado também para Guias. Nessas casas, por exemplo, é comum ouvir alguém dizer antes de uma gira de Pretos-Velhos: "Precisamos preparar mais banquinhos, pois hoje temos muitos médiuns e, portanto, aumentará o número de Orixás em terra."

São diversas as classificações referentes aos Orixás na Umbanda. A título de exemplo, observe-se o quadro:

1. Orixás Virginais	Responsáveis pelo reino virginal.
2. Orixás Causais	Aferem carma causal.
3. Orixás Refletores	Responsáveis pela coordenação da energia (massa).
4. Orixás Originais	Recebem dos três graus anteriores as vibrações universais.
5. Orixás Supervisores	Supervisionam as leis universais.
6. Orixás Intermediários	Senhores dos tribunais solares do Universo Astral.
7. Orixás Ancestrais	Senhores da hierarquia planetária.

Há também diversas classificações sobre os graus de funções dos Orixás, como a que segue:

Categoria	Grau	Denominação
Orixá Maior	-	-
Orixá Menor	1º	Chefe de Legião
Orixá Menor	2º	Chefe de Falange
Orixá Menor	3º	Chefe de Subfalange
Guia	4º	Chefe de Grupamento
Protetor	5º	Chefe Integrante de Grupamento
Protetor	6º	Subchefe de Grupamento
Protetor	7º	Integrante de Grupamento

Orumilá/Ifá

Tanto Orumilá quanto Exu têm permissão para estar próximos a Olorum quando necessário, daí sua importância. Senhor dos destinos, Orumilá rege o

plano onírico, é aquele que sabe tudo o que se passa sob a regência de Olorum, no presente, no passado e no futuro. Tendo acompanhado Odudua na fundação de Ilê Ifé, é conhecido como "Eleri Ipin" ("testemunho de Deus"; aliás, sua saudação), "Ibikeji Olodumaré" ("vice de Deus"), "Gbaiyegborun" ("o que está na terra e no céu"), "Opitan Ifé" ("o historiador de Ifé").

Por ordens de Olorum, além de ter participado da criação da terra e do homem, Orumilá auxilia cada um a viver seu cotidiano e a vivenciar seu próprio caminho, isto é, o destino para seu Ori (Cabeça).

Seus porta-vozes são os chamados babalaôs (pais do segredo), iniciados especificamente no culto a Ifá. No caso dos búzios, entretanto, os babalaôs são cada vez mais raros, sendo os mesmos lidos e interpretados por babalorixás, ialorixás e outros devidamente preparados (a preparação e as formas de leitura podem variar bastante do Candomblé para a Umbanda e de acordo com a orientação espiritual de cada casa e cada ledor/ledora).

Cada ser humano é ligado diretamente a um Odu, que lhe indica seu Orixá individual, bem como sua identidade mais profunda.

Embora muitos considerem Ifá um Orixá, na verdade seria o sistema do qual Orumilá seria o Orixá representante.

Sincretizado com o Espírito Santo.

Segundo o babalorixá e escritor Orlando J. Santos (SANTOS, 1991), conforme os preceitos mais tradicionais de culto,

> ORUNMILÁ não pode ser invocado com sol quente. É um orixá sutil. Suas obrigações são realizadas antes do amanhecer e em silêncio, pois ele detesta barulho. Todos os participantes devem estar de branco.
>
> Durante os sacrifícios para ORUNMILÁ, ele traz consigo um grande companheiro: EXU, que, com o assentamento ao lado do seu, participa de todo o ritual, comendo junto na mesma mesa.
>
> Notamos que Ifá não é um orixá como muitos o consideram, e sim o sistema da religião africana em que está inserido toda a arte curativa ou destrutiva dos Iorubá.
>
> Vemos também que Exu é o mensageiro de Orunmilá em todo este conjunto de ensinamentos que remonta a milhares de anos. (...). (p. 23)

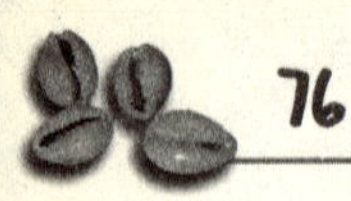

Ainda segundo o autor candomblecista, as principais oferendas para Orunmilá seriam a cabra preta e o inhame da costa. Também aprecia azeite de dendê e vinho de palma.[11]

Batista D'Obaluayê (2012), em seu estudo sobre a mitologia dos Odus, refere-se ao culto a Ifá em Ilê-Ifá, na Nigéria:

> Na tradição africana, por tudo o que já foi dito, Ifá é um Orixá muito venerado. Em sua terra (Ilê-Ifá) existe um templo muito antigo onde todas as sextas-feiras as pessoas vão rezar para a paz no planeta. Como nada será feito de importante sem antes consultá-lo, quando um bebê nasce, entre o terceiro e quinto dia após seu nascimento, ele é levado ao Bàbáláwò para que se faça uma consulta a fim de saber qual será o destino desta criança, recebendo tratamento para que o rumo de sua vida seja o melhor possível.
>
> Qualquer caso de saúde, casamentos, financeiro, amoroso, depressão é revelado através da divinação, que, além do problema, apresentará as possibilidades de melhorar a situação, determinando o que poderá ser feito para atrair a sorte, a paz e a felicidade de cada um.
>
> O Culto a Ifá envolve as oferendas, proteções que são feitas com as magias, e a cada novo ano ele será consultado para saber o futuro da comunidade. Sua importância é tanta que será através da consulta ao Orixá que um novo rei será eleito, uma vez que pode conhecer a pessoa ideal para ocupar qualquer cargo tanto como líder, ou outro tipo de ocupação, estas são as marcas que já trazemos de nosso espírito ancestral.
>
> Se após a consulta for determinada a realização de algum sacrifício para um Orixá, não se pode esquecer a parte dedicada a Exu, pois ele é a energia que transformará a sua necessidade, enquanto matéria, em energia sutil a fim de que seu pedido chegue a Olòdùnmarè.
>
> Ele é simbolizado por trinta e dois caroços de um tipo especial de palmeira de dendê, os quais apresentam três ou mais "olhos", ao invés de apenas dois, como nas palmeiras comuns. Antes de serem servidos ao Orixá, os caroços deverão ser preparados especialmente no bosque de Ifá, para só depois serem manipulados pelo Sacerdote de Ifá para fins de divinação, e só podem ser extraídos por homens.

---

11. A respeito do corte como fundamento nos cultos afro-brasileiros, o que inclui algumas vertentes umbandistas, esclarece o *Dicionário de Umbanda* (BARBOSA JR., 2015):

> Quando uma leitura não favorece o consulente, não é necessário ficar em desespero, pois Ifá poderá ser consultado novamente para informar qual o melhor procedimento para eliminar o obstáculo que lhe entrava a felicidade. O animal necessário para o sacrifício só será determinado através da divinação, e após ser efetuado, o consulente deverá apresentar-se mais uma vez perante o Orixá a fim de saber se ele se satisfez.
>
> Entre nós, os Yorubás, os Sacerdotes dedicados a Ifá pedem sua bênção todos os dias pela manhã, e uma vez por ano promovem uma festa em sua homenagem. (pp. 32-34)

Um dia Orumilá saiu para um passeio, acompanhado de seu séquito. Pelo caminho, encontrou outro séquito no qual se destacava uma linda mulher. Enviou, então, Exu, seu mensageiro, para saber quem era ela. A mulher se identificou como Iemanjá, rainha das águas esposa de Oxalá.

Exu repassou a informação a Orumilá, que solicitou que ela fosse convidada para seu palácio. Iemanjá não atendeu ao convite de pronto, mas um dia foi ao palácio de Orumilá, de onde voltou grávida e deu à luz uma linda menina.

Iemanjá tinha outros filhos com seu marido. Então, Orumilá enviou Exu para comprovar se a menina seria sua filha. O mensageiro verificou se ela teria mancha, marca ou caroço na cabeça. Conforme as marcas de nascença, a paternidade foi comprovada e atribuída a Orumilá.

A menina foi, então, levada para viver com o pai, que lhe satisfazia as vontades, os caprichos, cobrindo-a de dengos.

Essa menina é Oxum.

Na Umbanda, em cuja fundamentação não existe o corte, embora diversas casas dele se utilizem, por influência dos Cultos de Nação, os elementos animais, quando utilizados (há casas que não os utilizam nem mesmo nas chamadas entregas aos Orixás), crus ou preparados na cozinha, provêm diretamente dos açougues. No primeiro caso, usam-se, por exemplo, língua de vaca, sebo de carneiro (por vezes confundido com e/ou substituído por manteiga de carité), miúdos etc. No segundo, nas palavras de Rubens Saraceni,

> [...] Mas só se dá o que se come em casa e no dia a dia. Portanto, não há nada de errado porque a razão de ter de colocar um prato com alguma comida 'caseira' se justifica na cura de doenças intratáveis pela medicina tradicional,

> causadas por eguns e por algumas forças negativas da natureza.(...) Observem que mesmo os Exus da Umbanda só pedem em suas oferendas partes de aves e de animais adquiridos do comércio regular, porque já foram resfriados e tiveram decantadas suas energias vitais (vivas), só lhes restando proteínas, lipídios etc., que são matéria.

Os animais criados em terreiros de Candomblé para o corte são muito mais bem cuidados e respeitados do que aqueles criados enjaulados, com alimentação inadequada para engordar etc. O animal, para o corte, não pode sofrer. Algumas partes são utilizadas para rituais, as demais são consumidas como alimento pela comunidade e pelo entorno.

Há casas de Candomblé que não cortam, cortam pouco ou se utilizam, como na Umbanda, de elementos animais comprados no comércio. Algumas casas de Ketu com esses procedimentos são chamadas de Ketu frio em contraposição às de Ketu quente, ou seja, as que cortam. Todas as casas sérias precisam ser respeitadas, pois seus fundamentos são estabelecidos com a Espiritualidade, adaptados ou não. Fundamento é fundamento, diferente de modismos. Por outro lado, há casas que cortam demais, que se vangloriam do número de animais cortados. Contudo, não é a quantidade que faz uma ceia sagrada e comunal saborosa, mas a qualidade do alimento, o preparo com amor etc.

Nesse contexto, despontou o chamado Candomblé Vegetariano, modalidade com fundamentos adaptados para o vegetarianismo capitaneada por Iya Senzaruban (Ile Iya Tunde). Difere do chamado Ketu frio, onde se utilizam elementos animais, mas sem o corte. Embora diversas casas, ao longo de sua história, tenham extinguido o corte de seus fundamentos, a casa de Iya Senzaruban e as de seus filhos ganharam notoriedade, inclusive pelo número de críticas feitas pela parcela do Povo de Santo que se posiciona totalmente contrária à abolição do corte no Candomblé.

Com relação ao corte, diálogo, respeito e compreensão são fundamentais para que todos se sintam irmanados, cada qual com sua individualidade e seus fundamentos. Diferenças não precisam ser necessariamente divergências.

Além do sangue propriamente dito (ejé, menga, axorô), importante no Candomblé para a movimentação do Axé, há outros elementos também conhecidos como sangue (vermelho, branco e preto), associados aos reinos

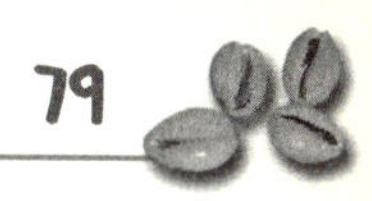

animal, vegetal e mineral. Todos são importantíssimos condensadores energéticos, o que não significa que todos sejam usados no dia a dia dos terreiros. É importante perceber que estão em toda parte, nos chamados três reinos, movimentando Axé.

Sangue Vermelho	
Reino animal	Sangue propriamente dito.
Reino vegetal	Epô (óleo de dendê), determinados vegetais, legumes e grãos, osun (pó vermelho), mel (sangue das flores) etc.
Reino mineral	Cobre, bronze, otás (pedras) etc.
Sangue Branco	
Reino animal	Sêmen, saliva, hálito plasma (em especial do ibi, tipo de caracol) etc.
Reino vegetal	Seiva, sumo, yierosun (pó claro), determinados vegetais, legumes e grãos etc.
Reino mineral	Sais, giz, prata, chumbo, otás etc.
Sangue Preto	
Reino animal	Cinzas de animais.
Reino vegetal	Sumo escuro de determinadas plantas, waji (pó azul), carvão vegetal, determinados vegetais, legumes, grãos, frutos e raízes etc.
Reino mineral	Carvão, ferro, otás, areia, barro, terra etc.

Para legitimar a não utilização do corte na Umbanda, Míriam de Oxalá se vale dos estudos e de citação de Fernandez Portugal. Para a autora, *vale a pena citar de Fernandez Portugal, renomado escritor africanista, em seu livro* Rezas-Folhas-Chás e Rituais dos Orixás, *publicado pela Ediouro, o item 'Ossaiyn, O Senhor das Folhas': 'Segundo a tradição yorubá, sem ejé e sem folhas não há culto ao Orixá, mas pode-se iniciar um Orixá apenas utilizando-se folhas, pois existem folhas que substituem o Ejé." O grifo é nosso e tais conceitos são, para nós umbandistas, bem conhecidos.*

Observe-se, noutro contexto, como ecoam tanto as palavras de Portugal quanto as de Miriam de Oxalá. Para Orlando J. Santos,

> Para se fazer um EBÓ 'tudo que a boca come' é preciso ter esgotado todas as possibilidades de resolver o caso a partir das ervas: akasá, obi, orobô etc. Sabemos que: obi, orobô e certas folhas, quando oferecidos aos Orixás dentro do ritual, valem por um frango, cabrito, carneiro. Portanto, em muitos casos, substitui o EJÉ, 'sangue animal'.

No Candomblé, por sua vez e ao contrário do que sustenta o senso comum, o qual associa a religião à "baixa magia", prefere-se a criação própria, mais integrada e ecológica. A respeito do aproveitamento do elemento animal em rituais e no cotidiano do Ilê, Iya Omindarewa afirma:

> Uma parte é oferecida ao Orixá, fica aos seus pés até o dia seguinte e depois é dividido entre as pessoas da comunidade. Essa carne é cozida e preparada num ritual muito absoluto, e é totalmente aproveitada. O restante é para alimentar o povo da festa, gente da casa e os vizinhos. Tem um sentido, nada é feito à toa. É oferecida ao animal uma folha; se ele não comer não será sacrificado, pois não foi aceito pelo Orixá.

Mãe Stella de Oxóssi, quando perguntada se o século XXI corresponderia ao fim do uso de animais em rituais do Candomblé, responde:

> Mas neste século XXI o que mais tem é churrascaria! Mata-se o boi, a galinha e o carneiro para comermos. Só porque usamos animais em nossos rituais, fiam falando que deve acabar. O animal mais bem aproveitado é aquele que é morto nos rituais de Candomblé, porque se aproveita tudo: a carne, que alimenta muita gente, o couro...

Em síntese, nos rituais, o corte no Candomblé está associado à ceia comunal: come o Orixá e comem fiéis e convidados do mesmo prato. A base desse fundamento é a utilização do sangue (ejé, menga, axorô) para a movimentação do Axé, o que, aliás, não ocorre apenas em situações de ceia comunal, mas também em ebós, quando apenas os Orixás ou entidades comem.

Nas palavras de Iya Omindarewa,

> [...] Está na cabeça da gente que não se pode fazer o sacrifício, pegar energia de uma coisa viva e passar para outra. Admite-se comer um bom bife, uma galinha ou porco para alimentar o corpo. Mas não se admite captar a energia dos animais, das folhas, da Natureza toda para fortalecer sua cabeça. Isso não faz

sentido; vamos andar descalços porque não se pode usar o couro? Não vamos comer folhas, milho, carne porque são da Natureza? E como o ser humano vai viver? A vida não é uma luta? Pega-se uma coisa pela outra e depois não retorna tudo para a terra? Isso tudo é uma grande bobagem. O sacrifício significa dar ao Orixá uma certa energia que ele devolve em troca. Tudo depende das ocasiões; não é durante toda a vida que vamos matar bichos, mas em grandes momentos, como nas Feituras, quando é necessário. (pp. 66-71)

Oxum

Orixá do feminino, da feminilidade, da fertilidade, ligada ao rio de mesmo nome, em especial em Oxogbô, Ijexá (Nigéria). Senhora das águas doces, dos rios, das águas quase paradas das lagoas não pantanosas, das cachoeiras e, em algumas qualidades e situações, também da beira-mar. Perfumes, joias, colares, pulseiras, espelho alimentam sua graça e beleza.

Filha predileta de Oxalá e de Iemanjá, foi esposa de Oxóssi, de Ogum e, posteriormente, de Xangô (segunda esposa). Senhora do ouro (na África, cobre), das riquezas, do amor. Orixá da fertilidade, da maternidade, do ventre feminino, a ela se associam as crianças. Nas lendas em torno de Oxum, a menstruação, a maternidade, a fertilidade, enfim, tudo o que se relaciona ao universo feminino, é valorizado. Entre os iorubás, tem o título de Ialodê (senhora, "lady"), comandando as mulheres, arbitrando litígios e responsabilizando-se pela ordem na feira.

Segundo a tradição afro-brasileira mais antiga, no jogo dos búzios, é ela quem formula as perguntas, respondidas por Exu. Os filhos de Oxum costumam ter boa comunicação, inclusive no que tange a presságios. Oxum, Orixá do amor, favorece a riqueza espiritual e material, além de estimular sentimentos como amor, fraternidade e união.

Características

Animal: pomba rola.

Bebida: champanhe.

Chacra: umbilical.

Cor: azul (amarelo).

Comemoração: 8 de dezembro.

Comidas: banana frita, ipeté, omolocum, moqueca de peixe e pirão (com cabeça de peixe), quindim.

Contas: cristal azul (amarelo).

Corpo humano e saúde: coração e órgãos reprodutores femininos.

Dia da semana: sábado.

Elemento: água.

Elementos incompatíveis: abacaxi, barata.

Ervas: colônia, macaçá, oriri, santa-luzia, oripepê, pingo-d´água, agrião, dinheiro-em-penca, manjericão branco, calêndula, narciso, vassourinha (menos para banho), erva-de-santa-luzia (menos para banho), jasmim (menos para banho).

Essências: lírio, rosa.

Flores: lírio, rosa amarela.

Metal: ouro.

Pedras: topázio (azul e amarelo).

Planetas: Vênus, Lua.

Pontos da natureza: cachoeira e rios.

Saudação: Ora ye ye o! A ie ie u! (Salve, Mãe das Águas!)

Símbolos: cachoeira, coração.

Sincretismo: Nossa Senhora Aparecida, Nossa Senhora das Cabeças, Nossa Senhora da Conceição, Nossa Senhora de Fátima, Nossa Senhora de Lourdes, Nossa Senhora de Nazaré.

Sincretismo

NOSSA SENHORA APARECIDA (12 de outubro) – A aproximação de Oxum com Nossa Senhora Aparecida se dá por diversos fatores, sobretudo porque aquela que é hoje a Padroeira do Brasil foi encontrada (imagem escurecida que foi associada à pele negra) no rio Paraíba, em 1717. Além disso, Nossa Senhora Aparecida, rainha, tem um manto salpicado de dourado, bem como uma coroa de ouro, que lhe foram acrescidos ao longo do tempo.

Registros

Itãs

Oxalá tinha três mulheres, sendo a principal uma filha de Oxum. As outras duas nutriam grande ciúmes da filha de Oxum, a qual cuidava dos paramentos e das ferramentas de Oxalá.

Sempre buscando prejudicar a filha de Oxum, um dia em que as ferramentas de Oxalá secavam ao sol enquanto a filha de Oxum cuidava de outros afazeres, as outras duas esposas os pegaram e os jogaram ao mar. A filha de Oxum ficou inconsolável.

Uma menina que era criada pela filha de Oxum tentou consolá-la, porém nada animava a principal esposa de Oxalá. Ouvindo um pescador passando pela rua apregoando seus peixes, a filha de Oxum pediu para a menina comprar alguns para a festa que se organizava. Quando os peixes, foram abertos, ali estavam as ferramentas de Oxalá.

As outras duas esposas de Oxalá não desistiram de prejudicar a filha de Oxum e armaram novo estratagema.

No dia da festa, ao lado do trono de Oxalá, à sua direita, estava a cadeira da esposa principal. Em dado momento, quando ela se ausentou, as outras duas esposas colocaram na cadeira um preparado mágico. Quando a esposa principal de Oxalá se sentou, percebeu que estava sangrando e saiu em disparada. Oxalá, indignado por ela haver quebrado um tabu, expulsou-a.

A filha de Oxum, então, foi à casa de sua mãe, em busca de auxílio. Oxum preparou-lhe um banho de folhas numa bacia. Depois do banho, envolveu a filha em panos limpos e a pôs para descansar numa esteira. A água da bacia, vermelha, havia se transformado nas penas ecodidé, raras e preciosas.

Oxalá gostava muito dessas penas, contudo tinha dificuldade em encontrá-las. Ouviu dizer que Oxum tinha essas penas, pois a filha de Oxum andara aparecendo em algumas festas ornada com penas ecodidé. Foi, então, à casa de Oxum, onde encontrou a própria esposa, a quem reabilitou.

Então, Oxalá colocou uma pena vermelha em sua testa e decretou que, a partir daquele dia, os iniciados passariam a usar uma pena igual em suas testas, ornando as cabeças raspadas e pintadas, para que os Orixás mais facilmente os identificassem.

Um dos mais lindos itãs a respeito do feminino e da compreensão de seus ciclos por parte do masculino. Note-se que Oxalá, para quem o vermelho é tabu, acaba por incorporar essa cor, em respeito ao feminino.

Um dia Orumilá saiu para um passeio, acompanhado de seu séquito. Pelo caminho, encontrou outro séquito no qual se destacava uma linda mulher. Enviou, então, Exu, seu mensageiro, para saber quem era ela. A mulher se identificou como Iemanjá, rainha das águas esposa de Oxalá.

Exu repassou a informação a Orumilá, que solicitou que ela fosse convidada para seu palácio. Iemanjá não atendeu ao convite de pronto, mas um dia foi ao palácio de Orumilá, de onde voltou grávida e deu à luz uma linda menina.

Iemanjá tinha outros filhos com seu marido. Então, Orumilá enviou Exu para comprovar se a menina seria sua filha. O mensageiro verificou se ela teria mancha, marca ou caroço na cabeça. Conforme as marcas de nascença, a paternidade foi comprovada e atribuída a Orumilá.

A menina foi, então, levada para viver com o pai, que lhe satisfazia as vontades, os caprichos, cobrindo-a de dengos.

Essa menina é Oxum.

Relato que explica os dengos e as delícias de Oxum.

Desde o início do mundo os Orixás masculinos decidiam tudo, porém excluíam as mulheres. Como Oxum não se conformava com essa atitude, deixou as mulheres estéreis. Os homens foram consultar

 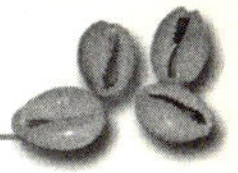

Olorum, que os aconselhou a convidar Oxum e as outras mulheres para participarem das reuniões e decisões. Assim fizeram, e as mulheres voltaram a gerar filhos.

O feminino, complementar ao masculino, forma a dualidade de onde brota e viceja a síntese da criação.

Oriki

O oriki abaixo é uma transcriação do iorubá para o português feita por Antonio Risério

Oxum, mãe da clareza
Graça clara
Mãe da clareza

Enfeita filho com bronze
Fabrica fortuna na água
Cria crianças no rio

Brinca com seus braceletes
Colhe e acolhe segredos
Cava e encova cobres na areia

Fêmea força que não se afronta
Fêmea de quem macho foge
Na água funda se assenta profunda
Na fundura da água que corre

Oxum do seio cheio
Ora Ieiê, me proteja
És o que tenho –
Me receba.

Delicadeza, sensualidade e maternidade são alguns dos atributos elencados e cantados nesse oriki.

Pontos cantados

Eu vi Mamãe Oxum chorando
Foi uma lágrima que eu fui Apará (2X)
Ora iê iê, oh minha Mãe Oxum
Oh deixa a nossa Umbanda melhorar (2X)

Eu vi Mamãe Oxum na cachoeira
Senta na beira do rio (2X)
Colhendo lírio lírio ê, colhendo lírio lírio ah
Colhendo lírio pra enfeitar o seu congá (2X)

Associada às águas doces, às cachoeiras, por vezes chorando (lágrimas: pequenas cachoeiras que brotam dos olhos, da alma), Oxum é a mãe amorosa. No primeiro ponto há trocadilho entre o verbo "aparar" e a qualidade "Apará" de Oxum, guerreira, que, além do espelho carrega uma espada e caminha com Ogum e Iansã.

MPB

É d'Oxum
(Geronimo Santana/Vevé Calazans)

Nessa cidade todo mundo é d'Oxum
Homem, menino, menina mulher
Toda essa gente irradia a magia
Presente na água doce
Presente na água salgada e toda cidade brilha
Presente na água doce
Presente na agua salgada e toda cidade brilha
Seja tenente ou filho de pescador
Ou importante desembargador
Se der presente é tudo uma coisa só
A força que mora n'água
Não faz distinção de cor

E toda cidade é d'Oxum
A força que mora n'agua
Não faz distinção de cor
E toda cidade é d'Oxum
É d'Oxum, é d'Oxum ô, é d'Oxum

Refrão
Eu vou navegar
Eu vou navegar nas ondas do mar eu vou
Navegar, eu vou navegar
Eu vou navegar nas ondas do mar eu vou
Navegar, eu vou navegar
Eu vou navegar nas ondas do mar eu vou
Navegar, eu vou navegar, é d'Oxum

"É d´Oxum" tornou-se verdadeiro hino da cidade de Salvador, não havendo festa pública, apresentação musical e outros em que não seja tocada, cantada, coreografada e acompanhada por todos.

Oração de Mãe Menininha
(Dorival Caymmi)

Ai! Minha mãe
Minha mãe Menininha
Ai! Minha mãe
Menininha do Gantois

A estrela mais linda, hein
Tá no Gantois
E o sol mais brilhante, hein
Tá no Gantois
A beleza do mundo, hein
Tá no Gantois
E a mão da doçura, hein
Tá no Gantois

O consolo da gente, aí
Tá no Gantois
E a Oxum mais bonita hein
Tá no Gantois

Olorum quem mandou essa filha de Oxum
Tomar conta da gente e de tudo cuidar
Olorum quem mandou eô ora iê iê ô

Ícone do Candomblé, conhecida por sua doçura, Menininha era filha de Oxum, da qualidade Merim.[12]

O Canto de Oxum
(Vinicius de Moraes e Toquinho)

Nhem-nhem-nhem
Nhem-nhem-nhem-xorodô
Nhem-nhem-nhem-xorodô
É o mar, é o mar
Fé-fé xorodô...

Xangô andava em guerra,
Vencia toda a terra,
Tinha, ao seu lado, Iansã
Pra lhe ajudar.

---

12. Como relato em meu livro *Xirê: orikais – canto de amor aos orixás*, em minha infância, "eu ouvia fascinado minha mãe cantar os versos de 'Oração à Mãe Menininha': 'ai, minha mãe, minha mãe Menininha', pois achava tão sensível ela chamar a própria mãe, idosa e já desencarnada, de menininha. Não imaginava haver uma ialorixá com esse nome, esse apelido carinhoso. Também minha mãe usava em minha infância perfume de alfazema, aquele mesmo cheiro bom das festas de largo de Salvador que eu frequentaria anos depois, o mesmo com que gosto de perfumar minha Mãe Oxum.". Minha primeira ida ao Gantois se deu depois de várias estadas em Salvador, acompanhado por uma das idealizadoras do Memorial de Mãe Menininha, a restauradora Norma Cardins, a quem muito agradeço e quem costumo chamar de "dona da das ruas da Bahia", pelo acesso que me franqueia a lugares históricos, reservas técnicas de museus, festas e outros. De Norma recebi ainda o exemplar de "Memorial Mãe Menininha do Gantois", rico volume com seleta do acervo do Memorial, com a seguinte dedicatória: "Ele, esse exemplar, foi lançado no quarto dos santos antes do lançamento oficial. Tem, sim, muito Axé.".

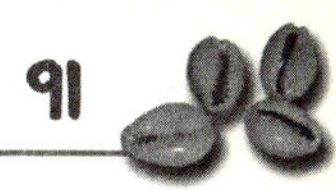

Oxum era rainha,
Na mão direita tinha
O seu espelho, onde vivia
A se mirar.

Quando Xangô voltou,
O povo celebrou.
Teve uma festa que
Ninguém mais esqueceu.

Tão linda Oxum entrou,
Que veio o rei Xangô
E a colocou no trono
Esquerdo ao lado seu.

Iansã, apaixonada,
Cravou a sua espada
No lugar vago que era
O trono da traição.

Chamou um temporal
E, no pavor geral,
Correu dali, gritando
A sua maldição:
"Eparrei, Iansã!"

A canção recria a disputa entre Oxum e Iansã pelo amor de Xangô, retratada em tantos relatos mitológicos.

Quando o céu clarear
(Roque Ferreira)

Quando o céu clarear por cima do meu congado
Oxum vai descer com Xangô num cortejo dourado
Flor que a noite adormeceu vai despertar, perfumar o
Rio, a fonte, a lagoa e a beira do mar.

Oxum vai se banhar nos braços de Xangô quando céu
Clarear

Quando o céu clarear, quando o céu clarear, vou levar
Meu amor pra lá quando o céu clarear [refrão 2x]

O meu amor vai se iluminar quando o povo das águas
Chegar e a estrela de Oxum brilhar
Obá de Xangô vai batendo o tambor pra meu amor
Dançar.

Quando o céu clarear..

O amor de Oxum por Xangô, a relação entre a água e o fogo, a síntese entre esses dois elementos dão o tom dessa canção.

Oxum para crianças

Este texto, eu o escrevi para crianças, num ciclo de narrativas e relatos sobre Iabás.

Oxum é menina que gosta de rios e cachoeiras, sempre dengosa, bem-vestida, aprumada. Adora arrumar os cabelos ao som das águas e se olhar no espelho para ver como está o penteado.

Por onde Oxum passa os peixes também navegam, trazendo um colorido para as águas. Oxum senta-se nas pedras e, com os pés na água, acaricia o dorso dos peixes.

Gosta de dançar na areia, à luz da lua. Pisa mansinho, miudinho, quase não se escutam seus passos.

Os pássaros comem em suas mãos, pois aí se sentem em casa. Sentem também o amor e a doçura de Oxum. Ela gosta de alegria, música, poesia, festa. Quer ver Oxum contente é convidá-la pra uma festa!

Oxum também gosta muito de flores, em especial as amarelas. Imagine sua alegria quanto vê um campo de girassóis! Seus amigos costumam fazer a seguinte surpresa: preparam um balaio bem bonito com flores e vão devagarinho até a beira do rio, colocam o balaio nas águas, batem palmas e cantam. Quando Oxum se vira para ver de onde vem tanta festa, o balaio segue a correnteza em sua direção, ela sorri e abre os braços para receber o presente. Todos ficam muito contentes. Outros preferem colocar rosas perto da cachoeira, que ela recolhe. Há também amigos que preferem plantar flores perto de uma cachoeira, para ela poder passear entre elas, até mesmo se sentar ali, ajeitar a roupa e, claro, alinhar os cabelos.

Quando Oxum caminha, na verdade ela dança! E não poderia ser diferente: o som de suas pulseiras convida o corpo a uma coreografia suave, ritmada.

Seu sorriso é sincero, acolhedor. Porém, como não existem apenas águas calmas, mas corredeiras fortes e rodamoinhos, Oxum também se zanga, em especial com toda a sujeira, todo o lixo jogado em suas águas. Então seu olhar fica firme, ela bota a mão na cintura, bate o pezinho e aponta o dedo na direção dos sujismundos, pedindo que tomem mais cuidado com os rios, as nascentes, enfim com as águas. Ensina as crianças a não escovarem os dentes com a torneira aberta, a beberem água enquanto brincam e estudam, a não entrarem em águas onde não dá pé e a correnteza é braba.

No geral, Oxum resolve tudo na maior calma. Um dia alguém estava muito nervoso e queria discutir com Oxum. Ela deixou a pessoa esperando um bocado de tempo enquanto arrumava os cabelos, ajeitava as pulseiras, enfim. Quando terminou de se arrumar, a pessoa já havia ido embora e nem estava mais irritada.

Oxum adora comer com os amigos, à beira d´água, curtindo a paisagem. Gosta muito de banana frita e ipeté (feito à base de inhame), omolucum (prato preparado com feijão fradinho), moqueca e pirão de peixe. De sobremesa, prefere quindim, aquele bem-feitinho, parecendo um sol.

Assim é Oxum, essa menina.

Exu

Conhecido pelos Fons como Legba ou Legbara, o Exu iorubano é Orixá bastante controvertido e de difícil compreensão, o que, certamente o levou a ser identificado com o Diabo cristão. Responsável pelo transporte das oferendas aos Orixás e também pela comunicação dos mesmos, é, portanto, seu intermediário. Como reza antigo provérbio, "Sem Exu não se faz nada".

Seu arquétipo é o daquele que questiona as regras, para quem nem sempre o certo é certo, ou o errado, errado. Assemelha-se bastante ao Trickster dos indígenas norte-americanos. Seus altares e símbolos são fálicos, pois representa a energia criadora, o vigor da sexualidade.

Responsável pela vigia e guarda das passagens, é aquele que abre e fecha caminhos, ajudando a encontrar meios para o progresso além da segurança do lar e protegendo contra os mais diversos perigos e inimigos.

De modo geral, o Orixá Exu não é diretamente cultuado na Umbanda, mas sim os Guardiões (Exus) e Guardiãs (Pombogiras).

Características

Animais: cachorro, galinha preta.

Bebida: cachaça.

Chacra: básico (sacro).

Cores: preto e vermelho.

Comemoração: 13 de junho.

Comida: padê.

Contas: pretas e vermelhas.

Corpo humano e saúde: dores de cabeça relacionadas a problemas no fígado.

Dia da semana: segunda-feira.

Elemento: fogo.

Elementos incompatíveis: comidas brancas, leite, sal.

Ervas: arruda, capim tiririca, hortelã, pimenta, salsa, urtiga.

Flores: cravos vermelhos.

Metal: ferro.

Pedras: granada, ônix, turmalina negra, rubi.

Planeta: Mercúrio.

Pontos da natureza/de força: encruzilhadas, passagens.

Saudação: Laroiê, Exu, Exu Mojubá! (Salve, Mensageiro, eu saúdo Exu!). Fórmula usada para os Guardiões e também para Pombogiras.

Símbolos: bastão (ogó), tridente.

Sincretismo: Santo Antônio.

Sincretismo

SANTO ANTÔNIO DE PÁDUA OU DE LISBOA (13 de junho) - Talvez a associação de Exu com o franciscano do século XIII seja porque o mesmo foi canonizado no dia de Pentecostes, ao qual se associam línguas de fogo descendo do céu, sendo o fogo o elemento do Orixá Exu. Certamente a associação se dá porque Antônio era missionário, peregrino, caminhando sempre.

Registros

Itãs

Exu vagava pelo mundo, sem destino, sem se fixar em lugar nenhum ou exercer alguma profissão. Simplesmente ia de um canto a outro. Um dia começou a ir a casa de Oxalá, onde passava o tempo a observar o velho Orixá a fabricar os seres humanos.

Outros visitavam Oxalá, ficavam alguns dias, mas nada aprendiam, apenas admiravam a obra de Oxalá, entregando-lhe oferendas. Por sua vez, Exu ficou dezesseis anos na casa de Oxalá, ajudando e aprendendo como se fabricavam os humanos, observando, atento, sem nada perguntar.

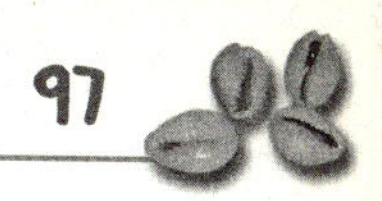

Como o número de humanos para fazer só aumentava, Oxalá pediu a Exu para ficar na encruzilhada por onde passavam os visitantes, não permitindo que passassem os que nada trouxessem ao velho Orixá. Exu, então, recolhia as oferendas e entregava a Oxalá, que resolveu recompensá-lo, de modo que todo visitante deveria também deixar algo para Exu.

Exu se fixou de vez como guardião de Oxalá, fez sua casa na encruzilhada e prosperou.

*****

Certa vez, Aganju, ao atravessar um rio, vi uma linda mulher que se banhava nas águas.

Era Oxum.

Fez-lhe a corte, contudo Oxum o desprezou.

Então, Aganju tentou violentá-la.

Das águas surgiu um pequeno ser, Eleguá, para defender Oxum, que, rindo, explicou a Aganju que Eleguá a queria como mãe. De pronto, estabeleceu-se uma amizade entre todos.

Aganju convidou os dois para irem à sua casa. Ambos aceitaram.

Lá chegando, porém, Eleguá recusou-se a entrar, ficando à porta.

Tornou-se guardião da casa.

E, assim, tornou-se também o primeiro a comer.

Exu, o guardião e o primeiro a receber homenagens, não por ser maior que os demais Orixás, mas por estar no externo e, portanto, guardar o interno.

Certa vez mandaram Exu preparar um ebó (oferenda) para se conseguir fortuna rapidamente. Depois de tê-lo preparado, Exu foi para Ijebu, contudo não se hospedou na casa do governante local, segundo a tradição, mas na casa de um homem muito importante.

Pela madrugada, todos dormindo, Exu se levantou e fingiu ir até o quintal para urinar. Então, pôs fogo nas palhas que cobria a casa e passou a gritar, dizendo que perdia uma fortuna imensa que estava dentro de uma talha que entregara ao dono da casa para guardar.

Tudo foi consumido pelo fogo.

Uma multidão acorria e ouvia a história de Exu. Até mesmo o governante local acorreu.

Para que um estrangeiro não fosse prejudicado, o chefe local resolveu pagar a Exu o valor que ele afirmava ter perdido no incêndio. Contudo, na aldeia, não havia dinheiro suficiente para tanto.

Para compensar Exu, o rei decidiu, então, proclamá-lo rei de Ijebu. E todos se tornaram seus súditos.

Até hoje há grande dificuldade para o mundo industrializado compreender o controvertido e o contraditório em Exu, em cujos relatos nem sempre o bom é totalmente bom e o mau é totalmente mau, havendo uma busca pelo equilibro cósmico. Certamente por essa dificuldade e pelas representações e culto a Exu em África contribuíram para que, preconceituosamente, o Orixá fosse associado ao Diabo hebraico-cristão.

Oriki

O oriki abaixo é uma transcriação de Antonio Risério.

Oriki de Exu 2 (fragmento)

Lagunã incita e incendeia a savana.
Cega o olho do sogro com uma pedrada.
Cheio de orgulho e de charme ele marcha.
Quente quente é a morte do delinquente.

Exu não admite que o mercado se agite
Antes que anoiteça.
Exu não deixa a rainha cobrir o corpo nu.
Exu se faz mestre das caravanas do mercado.
Assoa — e todos acham
Que o barco vai partir.
Passageiros se preparam depressa.
Exu Melekê fica na frente.
O desordeiro está de volta.

(...)
Sua mãe o pariu na volta do mercado.
De longe ele seca a árvore do enxerto.
Ele passeia da colina até a casa.
Faz cabeça de cobra assoviar.
Anda pelos campos, anda entre os ebós.
Atirando uma pedra hoje,
Mata um pássaro ontem.

Andarilho, livre, controvertido, senhor do mercado, cujas razões e motivações conhece plenamente, não estando preso ao tempo e ao espaço, como demonstram, sobretudo, os últimos dois versos.

Observação:

As religiões de matriz africana se negam a considerar sincretismo religioso a associação entre Exu e o chamado Diabo cristão ou qualquer congênere.

Na Umbanda, em vez de se cultuar diretamente o Orixá Exu, é mais comum o culto aos Exus e às Pombogiras, trabalhadores da chamada Esquerda, oposto complementar da Direita. Ao longo da História, o conceito de esquerdo/esquerda foi de exclusão e incompreensão. Alguns exemplos: pessoas canhotas vistas sob suspeitas aos olhos de parte do clero e da população da Idade Média; em francês, esquerdo/esquerda é *gauche*, que também significa atrapalhado, destoante; em italiano, esquerdo/esquerda é *sinistro/sinistra*, o que nos lembra algo obscuro.

Incompreendidos e temidos, Exus e Pombogiras vítimas da ingratidão e da intolerância, não apenas de religiões que não dialogam e discriminam a Umbanda e o Candomblé, mas, infelizmente nessas próprias religiões: há mais-velhos do Candomblé que ainda chama Exus de "escravos" ou "diabos", enquanto alguns umbandistas afirmam "não quererem nada com Exu".

Em linhas gerais, costuma-se, por exemplo, valorizar o médico, e não o lixeiro. Contudo, ambos os profissionais são extremamente importantes para a manutenção da saúde de cada indivíduo e da coletividade. Em termos espirituais, a Esquerda faz o trabalho mais pesado de desmanches de demandas, de policiamento e proteção de templos (portanto, toda casa de oração tem os seus Exus), de limpeza energética, enfim. No anonimato, sob nomes genéricos e referentes à linha de atuação, aos Orixás para os quais trabalham, Exus e Pombogiras são médicos, conselheiros, psicólogos, protetores, exercendo múltiplas funções que podem ser resumidas numa palavra: Guardiões.

Se em pinturas mediúnicas, Exus e Pombogiras apresentam-se com imagens e fisionomias "normais", por que as estatuetas que os representam parecem, aos olhos do senso comum, associá-los ainda mais ao Diabo cristão? Por três razões básicas:

a) Os símbolos de Exu pertencem a uma cultura diversa do universo cristão. Nela, por exemplo, a sexualidade não se associa ao pecado e, portanto, símbolos fálicos são mais evidentes, ligados tanto ao prazer quanto à fertilidade, enquanto o tridente representa os caminhos, e não algo infernal. O mesmo pode-se dizer, por exemplo, do dragão presente nas imagens de São Miguel e São Jorge: enquanto no Ocidente cristão representa o mal, em várias culturas do Oriente o dragão é símbolo de fogo e força espirituais.
b) A área de atuação de Exus e Pombogiras solicita elementos tais quais os utilizados por eles (capas, bastões etc.) ou que os simbolizam (caveiras, fogo etc.), vibrações cromáticas específicas (vermelho e preto) e outros.
c) Do ponto de vista histórico e cultural, quando as comunidades que cultuavam Orixás perceberam, além da segregação, o temor daqueles que os discriminavam, assumiram conscientemente a relação entre Exu e o Diabo cristão, assim representando-o, como mecanismo de afastar de seus locais de encontro e liturgia todo aquele que pudesse prejudicar suas manifestações religiosas. Nesse sentido, muitos dos nomes e pontos cantados de Exu, do ponto de vista espiritual (energias e funções) e cultural-histórico são "infernais".

De modo bem simples, Exus e Pombogiras podem ser definidos como agentes da Luz nas trevas (do erro, da ignorância, da culpa, da maldade etc.).

A Esquerda também é conhecida como Quimbanda, o que não dever ser confundido com Quiumbanda, isto é, trabalho de quiumbas, espíritos de vibrações deletérias, que não são os Exus e Pomba-giras trabalhadores da Umbanda e/ou

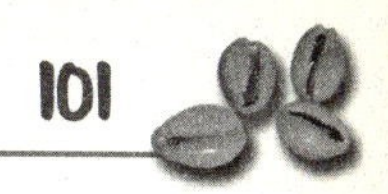

Guardiões de outras tradições religiosas e/ou espirituais. Para diferenciá-los, muitos preferem chamar os Exus e as Pomba-giras de Umbanda de "Exus batizados".

Essa classificação compreende os seguintes níveis, nem sempre consensual entre os umbandistas: Exu Pagão (não sabe distinguir o Bem do Mal; contratado para alguma ação maléfica, se apanhado e punido, volta-se contra quem lhe encomendou e pagou o trabalho); Exu Batizado (diferenciam o Bem do Mal, praticam ambos conscientemente e estão a serviço das Entidades, evoluindo na prática do bem, contudo conservando suas forças de cobrança; para muitos, contudo, os Exus Batizados são aqueles que só trabalham para a Luz, agindo em nome dos Orixás e Guias). Exu Coroado (por mérito e evolução, podem apresentar-se como elementos da Direita).

Note-se que o vocábulo português "pagão", em sua origem, não tem a acepção negativa de "não-cristão", mas "aquele que vem do campo" (nesse contexto, a Wicca se denomina orgulhosamente religião pagã).

Evidentemente, a maioria das pessoas te dificuldade de entender um ponto cantado em que aparece o verso "ai como é grande a família do Diabo" ou compreender a simbologia de uma imagem de Pombogira. Por isso, alguns segmentos e templos umbandistas têm revisto a utilização desses pontos e mesmo de algumas imagens, consideradas vulgares.

Exu não seria o diabo por várias razões. De modo geral, em África pré-colonial, não existia uma figura personificando o mal absoluto. O mesmo vale para o Candomblé. No caso da Umbanda, nos segmentos em que a influência católica é maior, pode-se notar o chamado inferno cristão e a figura do Diabo, o que não acontece quando a influência do Espiritismo é maior. Contudo, em nenhum dos casos, Exu é o diabo.

Evidentemente há cruzamentos, confusões e nuanças semânticas. Quimbanda e Quiumbanda são confundidas; em alguns terreiros de Candomblé os Exus são chamados de diabos e escravos; em algumas casas de Umbanda, quiumbas são chamados de exus e aluvaiás (Aluvaiá, como visto acima, é um Inquice correspondente ao Exu iorubá); Lúcifer aparece como o anjo caído, mas também como Exu, dando-se o mesmo com Belzebu (divindade cananeia: conforme a Bíblia de Jerusalém, "a ortodoxia monoteísta acabou fazendo dele o 'príncipe dos demônios'"); o próprio vocábulo "demônio" nem sempre tem sua etimologia conhecida etc. Não se pretende aqui aprofundar todas as ocorrências e esgotar as possibilidades de interpretação e compreensão.

Contudo, existe algo muito simples e de profissão universal: a Umbanda, enquanto religião (religação com o Divino) JAMAIS pode se dedicar à prática do mal. Nesse sentido, vale a pena nos determos em duas ocorrências bibliográficas, analisando a questão com o devido respeito e a caridade do diálogo:

a) No livro "Pomba-gira: as duas faces da Umbanda" (4ª ed., Rio de Janeiro: Editora Eco, s/d), o autor, Antônio Alves Teixeira (Neto), não esclarece o que "Pomba-gira" faz no título do livro, dividido em duas partes: "A face má da Umbanda" e "A face boa da Umbanda". Sem que analisemos o conteúdo, a primeira parte apresenta problemas, a segunda, elementos positivos da Umbanda. A despeito do mistério do título, existe, em seu fundamento, "face má" na religião de Umbanda?

b) Em "Guerra dos Orixás" (3ª ed., Rio de Janeiro: Jorge Zahar, 2001), Yvonne Maggie dedica-se ao estudo de um terreiro de Umbanda, no ano de 1972. Vejamos alguns trechos:

   EXU – Entidade que representa o bem e o mal. Algumas vezes é identificado com o diabo. (...). (p. 144)

   POMBA-GIRA – Feminino de exu. A pomba-gira representa uma mulher de vida fácil, "mulher de sete maridos", que faz o bem e o mal, diz palavrões e faz gestos obscenos. (...). (p. 150)

   (...) Os exus falavam palavrão e as pombas-giras faziam gestos obscenos, masturbando-se ou chamando os homens. (...). (p. 40)

   Mesmo que se alegue que o livro se refere a um templo (?) específico, o estudo carece de compreensão de fundamentos e de aprofundamento a respeito da Esquerda (e de outros temas, que ora não abordamos). Vale observar que se trata de edição revista.

Certamente a compreensão do papel, das funções e representações de Exus e Pombogiras serão mais bem compreendidos a partir de estudos comparativos a respeito dos Guardiões nas mais diversas culturas e religiões, trabalho já iniciado por vários autores.

Ori

A cabeça humana, na tradição iorubá, receptáculo do conhecimento e do espírito, tão importante que cada Orixá tem seu Ori. É alimentado, como no caso do Bori, a fim de manter-se equilibrado.

Trata-se, ainda, da consciência presente em toda a natureza e seus elementos, guiada pelo Orixá (força específica).

Um dia, estando distraído, Orumilá percebeu que a Morte, a Doença, a Perda, a Paralisia e a Fraqueza o observavam, rindo, brincando, na certeza de que, em breve, o veriam em maus lençóis.

Orumilá procurou Ori, em busca de auxílio, fez os sacrifícios ritualísticos, deu bori[13]. Ori seria o único a poder ajudar Orumilá e assim o fez.

Os problemas de Orumilá simplesmente desapareceram.[14]

---

13. Bori é o ritual de alimentar a cabeça, o Ori, para a iniciação religiosa (no Candomblé e em alguns segmentos umbandistas), para equilíbrio, tomada de decisões, harmonização com os Orixás etc. Em iorubá, *borí* pode ser traduzido como cultuar a cabeça de alguém.

14. Não confundir com Ori na acepção de banha/sebo de carneiro ou manteiga de carité (por vezes esta substitui aquele).

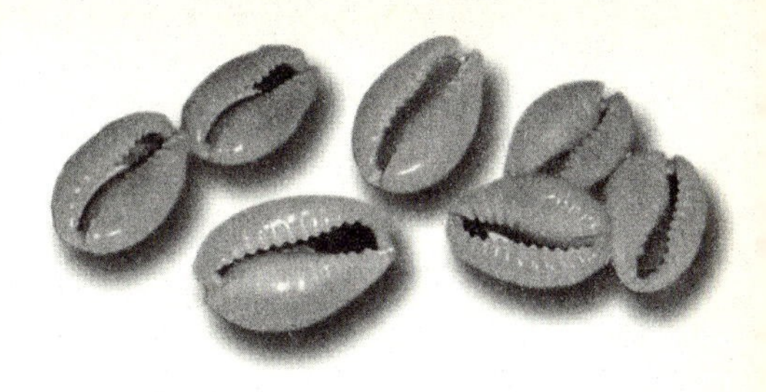

Ajalá

Embora haja quem o considere Orixá independente no panteão iorubano, parece haver consenso de que, na verdade, se trata de uma das qualidades de Oxalá, responsável por moldar as cabeças humanas com elementos tirados do Orum.

Odudua criou o mundo.

Obatalá criou o ser humano.

Olodumare fez o ser humano viver com a respiração.

Contudo, faltava ao ser humano à cabeça, que Obatalá havia se esquecido de fazer.

Olodumare, então, pediu a Ajalá para completar a obra de Obatalá.

Ajalá tornou-se o responsável por fazer as cabeças de homens e mulheres.

Quando alguém está para nascer, vai à casa de Ajalá para que o oleiro modele sua cabeça.

Ajalá modela as cabeças e as põe no forno.

Se Ajalá está bêbado, as cabeças saem mal-preparadas. No restante do tempo, produz boas cabeças. E cada pessoa é responsável pela escolha de sua cabeça, de seu ori.

Outros Orixás

Xangô

Um dos Orixás mais populares no Brasil, provavelmente por ter sido a primeira divindade iorubana a chegar às terras brasileiras, juntamente com os escravos. Além disso, especialmente em Pernambuco e Alagoas, o culto aos Orixás recebe o nome genérico de Xangô, donde se deriva também a expressão Xangô de Caboclo para designar o chamado Candomblé de Caboclo.

Orixá da Justiça, o Xangô mítico-histórico teria sido um grande rei (Alafin) de Oyó (Nigéria) após ter destronado seu irmão Dadá-Ajaká. Na teogonia iorubana, é filho de Oxalá e Iemanjá. Representa a decisão, a concretização, a vontade, a iniciativa e, sobretudo, a justiça (que não deve ser confundida com vingança). Xangô é o articulador político, presente na vida pública (lideranças, sindicatos, poder político, fóruns, delegacias etc.). Também Orixá que representa a vida, a sensualidade, a paixão, a virilidade. Seu machado bipene, o oxê, é símbolo da justiça (todo fato tem, ao menos, dois lados, duas versões, que devem ser pesadas, avaliadas).

Teve como esposas Obá, Oxum e Iansã.

Ogum

Filho de Iemanjá, irmão de Exu e Oxóssi, deu a este último suas armas de caçador. Orixá do sangue que sustenta o corpo, da espada, da forja e do ferro, é padroeiro daqueles que manejam ferramentas, tais como barbeiros, ferreiros, maquinistas de trem, mecânicos, motoristas de caminhão, soldados e outros.

Patrono dos conhecimentos práticos e da tecnologia, simboliza a ação criadora do homem sobre a natureza, a inovação, a abertura de caminhos em geral. Foi casado com Iansã e posteriormente com Oxum, entretanto vive só, pelas estradas, lutando e abrindo caminhos.

Senhor dos caminhos (isto é, das ligações entre lugares, enquanto Exu é o dono das encruzilhadas, do tráfego em si) e das estradas de ferro, protege, ainda, as portas de casas e templos. Sendo senhor da faca, no Candomblé, suas oferendas rituais vêm logo após as de Exu. Vale lembrar que, tradicionalmente, o Ogã de faca, responsável pelo corte (sacrifício animal), chamado Axogum, deve ser filho de Ogum.

Responsável pela aplicação da Lei, é vigilante, marcial, atento. Na Umbanda, Ogum é o responsável maior pela vitória contra demandas (energias deletérias) enviadas contra alguém, uma casa religiosa etc. Sincretizado com São Jorge, assume a forma mais popular de devoção, por meio de orações, preces, festas e músicas diversas a ele dedicadas.

Ibejis

Formado por duas entidades distintas, indicam a contradição dos opostos que se complementam. Tudo o que se inicia está associado aos Ibejis: nascimento de um ser humano, a nascente de um rio etc. Geralmente são associados aos gêmeos Taiwo ("o que sentiu o primeiro gosto da vida") e Kainde ("o que demorou a sair"), às vezes a um casal de gêmeos. Seus pais também variam de lenda para lenda, contudo a mais conhecida os associam a Xangô e a Oxum.

Responsáveis em zelar pelo parto e pela infância, bem como pela promoção do amor e da união.

Na Umbanda, em vez de se cultuar diretamente os Ibejis (Orixás), é mais comum cultuar-se a Linha de Yori.

Obs.: Doum é a terceira criança, companheiro de Cosme e Damião, com os quais os Ibejis são sincretizados. O nome Doum deriva do iorubá "Idowu", nome atribuído ao filho que nasce na sequência de gêmeos; relaciona-se também com o termo fongé "dohoun", que significa "parecido com", "semelhante ou igual a".

Oxóssi

Irmão de Exu e Ogum, filho de Oxalá e Iemanjá (ou, em outras lendas, de Apaoka, a jaqueira), rei de Ketu, Orixá da caça e da fartura. Associado ao

frio, à noite e à lua, suas plantas são refrescantes. Ligado à floresta, à árvore, aos antepassados, Oxóssi, enquanto caçador, ensina o equilíbrio ecológico, e não o aspecto predatório da relação do homem com a natureza, a concentração, a determinação e a paciência necessárias para a vida ao ar livre.

Rege a lavoura e a agricultura. Na Umbanda, de modo geral, amalgamou-se ao Orixá Ossaim no que toca aos aspectos medicinais, espirituais e ritualísticos das folhas e plantas. Como no Brasil a figura mítica do indígena habitante da floresta é bastante forte, a representação de Oxóssi, por vezes, aproxima-se mais do índio do que do negro africano. Não à toa, Oxóssi rege a Linha dos Caboclos, e o Candomblé, em muitos Ilês, abriu-se para o culto aos Caboclos, de maneira explícita, ou mesmo camuflada, para não desagradar aos mais tradicionalistas.

No âmbito espiritual, Oxóssi caça os espíritos perdidos, buscando trazê-los para a Luz. Sábio mestre e professor, representa a sabedoria e o conhecimento espiritual, com os quais alimenta os filhos, fortificando-os na fé.

Iemanjá

Considerada a mãe dos Orixás, divindade dos Egbé, da nação Iorubá, está ligada ao rio Yemojá. No Brasil, é a rainha das águas e dos mares. Protetora de pescadores e jangadeiros, suas festas são muito populares no país, tanto no Candomblé quanto na Umbanda, especialmente no extenso litoral brasileiro. Senhora dos mares, das marés, da onda, da ressaca, dos maremotos, da pesca, da vida marinha em geral.

Conhecida como Deusa das Pérolas, é o Orixá que apara a cabeça dos bebês na hora do nascimento. Rege os lares, as casas, as uniões, as festas de casamento, as comemorações familiares. Responsável pela união e pelo sentido de família, seja por laços consanguíneos ou não.

Obaluaê

Obaluaê, com as variações de Obaluaiê e Abaluaiê, tem culto originário no Daomé. Filho de Nanã, irmão de Iroko e Oxumaré, tem o corpo e o rosto cobertos por palha-da-costa, a fim de esconder as marcas da varíola, ou sendo outras lendas, por ter o brilho do próprio Sol, e não poder ser olhado de frente. Foi criado por Iemanjá, pois Nanã o rejeitara por ser feio, manco e com o corpo coberto de feridas.

Orixá responsável pelas passagens de plano para plano, de dimensão para dimensão, da carne para o espírito, do espírito para a carne. Orixá responsável pela saúde e pelas doenças, ele possui estreita ligação com a morte. Enquanto sua mãe se responsabiliza pela decantação dos espíritos que reencarnarão, Obaluaê estabelece o cordão energético que une espírito e feto, que será recebido no útero materno assim que tiver o desenvolvimento celular básico, vale dizer, o dos órgãos físicos. Em linhas gerais, Obaluaê é a forma mais velha do Orixá, enquanto Omulu é sua versão mais jovem, embora para a maioria as figuras e os arquétipos sejam idênticos.

Conhecido como médico dos pobres, com seu xaxará (feixe de piaçavas ou maço de palha-da-costa, enfeitado com búzios e miçangas), afasta as enfermidades, trazendo a cura. Também é o guardião das almas que ainda não se libertaram do corpo físico e senhor da calunga (cemitério). Os falangeiros do Orixá são os responsáveis por desligar o chamado cordão de prata (fios de agregação astral-físicos), responsável pela ligação entre o perispírito e o corpo carnal. Atuam em locais de manifestação do pré e do pós-morte, tais como hospitais, necrotérios e outros, com vistas a não permitir que espíritos vampirizadores se alimentem do duplo etérico dos desencarnados ou dos que estão próximos do desencarne. Além disso, auxiliam os profissionais da área da saúde, de terapias holísticas e afins, bem como aliviam as dores dos que padecem.

Oxalá

Orixá maior, responsável pela criação do mundo e do homem. Pai de todos os demais Orixás, Oxalá (Orinxalá ou Obatalá) foi quem deu ao homem o livre-arbítrio para trilhar seu próprio caminho.

Possui duas qualidades básicas: Oxalufã (o Oxalá velho) e Oxaguiã (o Oxalá novo). Enquanto o primeiro é sincretizado com Deus Pai cristão, o segundo encontra correspondência com Jesus Cristo e, de modo especial, com Nosso Senhor do Bonfim. Também há uma correlação entre Oxalá e Jesus menino, daí a importância especial da festa do Natal para algumas casas.

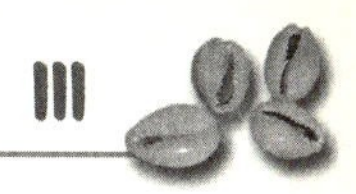

Oxalá representa a sabedoria, a serenidade, a pureza do branco (o funfun), o respeito.

Iansã

Orixá guerreiro, senhora dos ventos, das tempestades, dos trovões e também dos espíritos desencarnados (eguns), conduzindo-os para outros planos, ao lado de Obaluaê. Divindade do rio Níger, ou Oya, é sensual, representando o arrebatamento, a paixão. De temperamento forte, foi esposa de Ogum, e depois a mais importante esposa de Xangô (ambos tendo o fogo como elemento afim). Irrequieta e impetuosa, é a senhora do movimento e, em algumas casas, também a dona do teto da própria casa.

Uma de suas funções espirituais é trabalhar a consciência dos desencarnados que estão à margem da Lei, para, então, poder encaminhá-los a outra linha de evolução.

Obá

Orixá do rio Níger, irmã de Iansã, é a terceira e mais velha das esposas de Xangô. Alguns a cultuam como um aspecto feminino de Xangô.

É ainda prima de Euá, a quem se assemelha em muitos aspectos. Nas festas da fogueira de Xangô, leva as brasas para seu reino (símbolo do devotamento, da lealdade ao marido).

Guerreira e pouco feminina, quando repudiada pelo marido, rondava o palácio com a intenção de a ele retornar.

Ossaim

Orixá das plantas e das folhas, presentes nas mais diversas manifestações do culto aos Orixás, é, portanto, fundamental. Um célebre provérbio dos terreiros afirma "Ko si ewé, ko si Orisà", o que, em tradução livre do iorubá significa "Sem folhas não há Orixá.". Em algumas casas é cultuado como iabá (Orixá

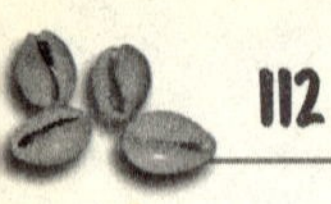

feminino). Alguns segmentos umbandistas trabalham com Ossaim, enquanto elemento masculino, e Ossanha, como elemento feminino.

Oxumaré

Filho mais novo e preferido de Nanã, Oxumaré participou da criação do mundo, enrolando-se ao redor da terra, reunindo a matéria, enfim, dando forma ao mundo. Desenhou vales e rios, rastejando mundo afora. Responsável pela sustentação do mundo, controla o movimento dos astros e oceanos. Representa o movimento, a fertilidade, o continuum da vida: Oxumaré é a cobra que morde a própria cauda, num ciclo constante.

Oxumaré carrega as águas dos mares para o céu, para a formação das chuvas. É o arco-íris, a grande cobra colorida. Também é associado ao cordão umbilical, pois viabiliza a comunicação entre os homens, o mundo dito sobrenatural e os antepassados. Na comunicação entre céu e terra, entre homem e espiritualidade/ancestralidade, mais uma vez se observa a ideia de ciclo contínuo representada pelo Orixá, a síntese dialética entre opostos complementares.

Nos seis meses em que assume a forma masculina, tem-se a regulagem entre chuvas e estiagem, uma vez que, enquanto o arco-íris brilha, não chove. Por outro lado, o próprio arco-íris indica as chuvas em potencial, prova de que as águas estão sendo levadas para o céu para formarem novas nuvens. Já nos seis meses em que assume a porção feminina, tem-se a cobra a rastejar com agilidade, tanto na terra quanto na água.

Por evocar a renovação constante, pode, por exemplo, diluir a paixão e o ciúme em situações onde o amor (irradiação de Oxum) perdeu terreno. Nesse mesmo sentido, pode também diluir a religiosidade fixada na mente de alguém, conduzindo-o a outro caminho religioso/espiritual que o auxiliará na senda evolutiva.

Em determinados segmentos e casas de Umbanda, Oxumaré aparece como uma qualidade do Orixá Oxum.

Logun-Edé

Filho de Oxum e Oxóssi, vive metade do ano na água (como mulher) e a outra metade no mato (como homem). Em seu aspecto feminino, Logun-edé usa saia cor-de-rosa e coroa de metal, assim como um espelho. Em seu aspecto masculino, usa capacete de metal, arco e flecha, capangas e espada. Veste sempre cores claras. Sua origem é ijexá (Nigéria).

Príncipe dos Orixás, combina a astúcia dos caçadores com a paciência dos pescadores. Seus pontos de força na natureza compreendem barrancas, beiras de rios, vapor fino sobre as lagoas que se espraia pela mata, nos dias quentes. Vivencia plenamente os dois reinos, o das águas e o das matas.

Por seu traço infantil e hermafrodita, nunca se casou, preferindo a companhia de Euá, que, assim como Logun-Edé, vive solitária e nos extremos de mundos diferentes. Solidário, preocupa-se com os que nada têm, empático com seus sofrimentos, distribuindo para eles caça e riqueza.

Euá

Divindade do rio Yewa, também conhecida como Iya Wa, considerada a dona do mundo e dos horizontes, ligada às águas e, por vezes, associada à fertilidade. Em algumas lendas aparece como esposa de Obaluaê/Omulu. Já em outras, é esposa de Oxumaré, relacionada à faixa branca do arco-íris (seria a metade feminina desse Orixá).

Protetora das virgens, tem o poder da vidência, sendo senhora do céu estrelado. Por vezes é confundida com Iansã, Oxum e mesmo Iemanjá. Além do arpão, seu símbolo mais conhecido, pode também carregar um ofá (arco e flecha) dourado, uma espingarda ou uma serpente de metal. Também é simbolizada pelo raio de sol, pela neve e pelas palmeiras em formato de leque.

Orixá pouco cultuado na Umbanda.

Iroco

Na Nigéria, este Orixá é cultuado numa árvore do mesmo nome, substituída no Brasil pela gameleira-branca, que apresenta características semelhantes às da árvore africana. Associado ao Vodun daomeano Loko (dinastia jeje) e ao inquice Tempo dos bantos, é, na realidade, o Orixá dos bosques nigerianos. Sua cor é o branco. Utiliza-se palha-da-costa em suas vestes. Sua comida é, dentre outras, o caruru, o deburu (pipoca) e o feijão-fradinho.

Geralmente, diante das casas de Candomblé, há uma grande árvore, com raízes saindo do chão, envolvida por um grande pano branco (alá). Trata-se de Iroco, protegendo cada casa, dando-lhe força e poder.

Na Nação Angola, Iroco também é conhecido como Maianga ou Maiongá.

Orixá pouco cultuado na Umbanda.

Os Odus principais

Odu é caminho. Para a compreensão deste trabalho, formalizamos uma tabela a respeito dos 16 principais Odus. Evidentemente há outras e, por respeito à diversidade, apresentamos mais duas, formalizadas por Fernandez Portugal.

Existem ainda jogadas complementares com 4 e/ou 8 búzios e mesmo outras tantas, conforme a formação, a tradição e a experiência do ledor.

Como afirmamos anteriormente, este livro não "ensina a jogar", mas serve de instrumento para se compreender os búzios.

A apresentação dos 16 odus principais se dá conforme as características apresentadas na tabela da página seguinte.

Características	A que se referem
Caída	Quantos búzios abertos e quantos fechados, determinando numericamente o Odu.
Fala (m)	Orixá ou Orixás responsáveis pela comunicação, pelo conteúdo e o contexto das caídas. Conforme visto acima, cabe ao ledor determinar qual ou quais prepondera (m) na leitura.
Acompanha (m)	Orixá ou Orixás que complementam as informações da caída.
Palavras-chave	Conceitos genéricos de aspectos luz e sombra apontados pelo Odu. Certamente, tal qual visto acima, a leitura é muito mais complexa, tanto do Odu quanto das combinações entre caídas.
Meditação	Reflexão a respeito de como a sabedoria ancestral influencia o cotidiano. A partir de cada narrativa, a meditação pontuará elementos de outras culturas que não a da religiosidade afro-brasileira, provérbios populares, frases motivacionais etc.
Sabedoria ancestral	Narrativa mítico-ancestral que caracterizam, exemplificam e/ou complementam a caída/o Odu. **Vale lembrar:** uma das características da Espiritualidade do Terceiro Milênio é a (re)leitura e a compreensão do simbólico. Muitos devem se perguntar como os Orixás podem ser tão violentos, irresponsáveis e mesquinhos, como nas histórias aqui apresentadas. Com todo respeito aos que creem nesses relatos ao pé da letra, as narrativas são caminhos simbólicos riquíssimos encontrados para tratar das energias de cada Orixá e de valores pessoais e coletivos. Ao longo do tempo puderam ser ouvidas e lidas como índices religiosos, culturais, pistas psicanalíticas, oralitura e literatura.

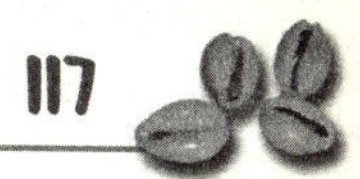

I. Okanran

Caída: 1 búzio aberto e 15 búzios fechados

Fala: Exu

Acompanham: Xangô e Ogum

Palavras-chave: Novidades (positivas ou negativas), início, dificuldades de ordem diversa, desavença, sexualidade aflorada.

Gênero: Feminino

Dimensões: Aéreo e ígneo

Metal: Ferro

Cores associadas: Roxo, vermelho, preto, branco e azul

Sabedoria ancestral

Um homem, por suas atitudes, tornou-se antipático. Isolado, só entrava em confusão, provocava brigas etc. Por essa razão, teve de deixar o povoado.

À entrada do povoado encontrou um homem com um cachorro em uma mão e uma corrente em outra. Era um comerciante. Perguntou ao homem que deixava o povoado como iam as coisas, ao que este respondeu "boas para uns e ruins para outras".

O comerciante avisou que o rei mandaria matar os que não fizessem oferendas. O homem respondeu que não faria e, se preciso, também deixaria outro povoado.

Andando, encontrou um exército em guerra. Foi preso pelos amigos do rei e, acusado de liderar o movimento belicoso, também levado à presença do rei, que ordenou fosse o homem jogado numa jaula com tigres.

Meditação

Diplomacia é tudo. Como diz célebre provérbio, o melhor guerreiro é o que evita uma batalha. Cada qual é o que acredita, assim como seu dia e as oportunidades. A Lei de Atração é algo real. Não adianta ter os caminhos abertos e não saber como caminhar.

2. Eji-Okô

Caída: 2 búzios abertos e 14 búzios fechados

Fala: Ibejis

Acompanham: Oxóssi e Exu

Palavras-chave: Cura, encontros, associações positivas, conflitos, relacionamento entre irmãos.

Gênero: Feminino

Dimensões: Aéreo e associado à terra

Metais: Ferro e prata

Cores associadas: Preto e vermelho

Sabedoria ancestral

Um casal vivia em desarmonia. Homem e mulher não conseguiam mais viver juntos. Então, o casal fez o ebó[15] indicado e reconciliou-se de modo a viver em paz e prosperidade.

Meditação

A harmonização é, sobretudo, interna. Assim, os elementos utilizados numa entrega espiritual auxiliam, sempre de acordo com o livre-arbítrio e o merecimento, à harmonização exterior com o ambiente, com outras pessoas etc.

O refazimento energético é obtido por meios diversos que harmonizem corpo, mente e espírito. Nas religiões afro-brasileiras, oferendas contribuem sobremaneira nesse processo.

---

15. Oferenda, entrega, em especial à Esquerda. Vem do iorubá "ebo", que significa sacrifício. O termo, por vezes, é utilizado de forma pejorativa em relação às religiões de matriz africana. (*Novo Dicionário de Umbanda*, p. 85)

3. Etá-Ogundá

Caída: 3 búzios abertos e 13 búzios fechados

Fala: Ogum

Palavras-chave: Brigas, descrença, rivalidade, desastre, revelação de verdades, produtividade.

Gênero: Masculino

Dimensão: Ígneo

Metal: Ferro

Cores associadas: Branco, azul e preto

Sabedoria ancestral

Todos lutavam contra Olofim[16]. Por sua vez, Olofim convocou Ogum, que cortou a cabeça de todos.

Ogum perguntou a Orumilá por que havia tardado tanto, o que ele respondeu que não desejava lutar contra Olofim, seu pai.

Olofim, então, determinou que Orumilá, por haver se demorado para não lutar com ele, sempre chegaria tarde, sendo o último a falar, mas também seria o rei daquele povo.

Meditação

"Quando um não quer dois não brigam", reza a sabedoria popular. Energeticamente, pode-se ou não vibrar em determinado pensamento, em determinada postura etc.

Enquanto Ogum é mais assertivo na defesa de Olofim, Orumilá atua de maneira mais passiva. Ambas as posturas favorecem Orumilá, além de não negar a natureza de cada um de seus aliados: Ogum e Orumilá.

16. Personificação do divino e causa de todas as coisas. Sua manifestação sensível é Olorum.

4. Irosun

Caída: 4 búzios abertos e 12 búzios fechados

Fala: Iemanjá

Acompanham: Ibejis, Xangô e Oxóssi

Palavras-chave: Persistência, perseverança, mediunidade, ingratidão, indiferença, prudência, equilíbrio.

Gênero: Masculino

Dimensão: Ígneo

Metais: Cobre e prata

Cor associada: Vermelho

Sabedoria ancestral

Uma vendedora de acaçá[17] e mingau foi aconselhada a fazer um ebó para melhorar sua situação de vida. Assim o fez. Tempos depois, Ogum passou com sua tropa e pediu que ela servisse a todos, que estavam famintos. A mulher se desdobrou no atendimento. Ogum, então, não tendo dinheiro, lhe pagou com parte do que havia conquistado em guerra.

Meditação

"Quem vê cara, não vê coração", afirma a sabedoria popular. O serviço (ato de servir) bem feito sempre atrairá parcerias afins.

Da mesma forma como as ondas do mar vão e vêm, o fluxo da vida traz experiências positivas e negativas. Cabe a cada um acolher o que for nutritivo/nutriente e afastar os escolhos.

17. Bolinho feito com milho branco e, às vezes, vermelho, de sabor agridoce e servido em folha de bananeira. O vocábulo deriva do fongbé "akansan" ("pasta de farinha de mandioca") e se relaciona ao haussá "akaza" (creme). (BARBOSA JR., *Novo Dicionário de Umbanda*, 2015, p. 20).

5. Oxé

Caída: 5 búzios abertos e 11 búzios fechados

Fala: Oxum

Acompanham: Exu

Palavras-chave: Beleza, competição, traição, autoridade, prestígio, confiança, ambição.

Gênero: Masculino

Dimensão: Aquático e associado à terra

Metal: Ouro

Cores associadas: Amarelo e branco

Sabedoria ancestral

Oxum era uma moça que se esforçava para melhorar de vida. Aconselhada, fez um ebó e o levou à casa de Oxalá, pedindo em voz alta tudo o que desejasse.

Contudo, lá chegando, começou a maldizer Oxalá. Desmoralizado diante da população, Oxalá cedeu a Oxum e lhe deu tudo o que pôde.

Meditação

Mais do que pedir algo ao Universo é preciso saber pedir. Como ensina Jesus, qual o juiz que não atenderá logo, ao menos para se ver livre de quem lhe pede algo? Imagine o Universo, que oferece de bom grado.

A Lei da Atração é real. Contudo, é preciso estar pronto para receber o que se pede. Quantas pessoas pedem ao Universo para viver um grande amor e, quando o momento chega, comportam-se de modo egoísta, não compartilhando seu cotidiano com o (a) parceiro (a)?

Vale lembrar que ninguém negocia com a Espiritualidade e que a mesma não age movida pelo sistema "toma lá, dá cá". Atende a todos conforme o merecimento de cada um, de acordo com o que está em seu caminho.

Um pai não dá ao filho apenas o que este deseja, mas aquilo de que realmente necessita. O filho, por sua vez, além de merecedor, tem de ser digno do que lhe é oferecido.

6. Obará

Caída: 6 búzios abertos e 10 búzios fechados

Fala: Oxóssi

Acompanham: Xangô, Oxum, Exu

Palavras-chave: Riqueza, prosperidade, vaidade, roubo, perdas, liderança, prepotência, intuição.

Gênero: Masculino

Dimensões: Aéreo e aquático

Metais: Ouro, ouro branco e platina

Cores associadas: Salmão e azul

Sabedoria ancestral

Um lenhador cortava madeira e criava animais. Um dia enjoou dessa vida, viajou e se instalou noutra localidade. Percebeu, contudo, que a vida da qual tentara de livrar se repetiria. Então, resolveu mentir. Um dia, por exemplo, disse a todos que, se acordassem cedo no dia seguinte, veriam muito dinheiro nas ruas.

Ora, na mesma noite, houve uma tempestade a partir da qual as ondas do mar trouxeram tesouros que estavam no fundo do mar, provenientes de barcos que haviam afundado. Então, de fato, na manhã seguinte, as ruas estavam cheias de dinheiro.

A população, assim, determinou que o lenhador se tornasse governador daquela localidade.

Meditação

Para mim, que realidade existe além daquela que vivo, imagino ou pretendo criar?

7. Odi ou Edi

Caída: 7 búzios abertos e 9 búzios fechados
Fala: Omolu/Obaluaê
Acompanham: Iemanjá, Ogum, Exu e Oxum
Palavras-chave: Sorte, fortuna, doença, desgosto, dificuldades.
Gênero: Feminino
Dimensão: Terra
Metal: Estanho
Cores associadas: Quadriculado que tenha fundo preto ou azul

Sabedoria ancestral

Um escravo, como castigo, foi posto num caixão e atirado a um rio. O caixão, contudo, chegou ao primeiro perto, sem que o escravo houvesse morrido. Nessa região, o rei, sim, havia morrido e não se conseguia decidir a respeito da sucessão, já que todos os herdeiros tinham esse mesmo direito. Assim, decidiu-se que o primeiro estrangeiro que ali chegasse seria o rei. Então, o escravo posto num caixão que havia parado num caramujo, foi nomeado o novo rei.

Meditação

Ter paciência e saber esperar as circunstâncias adequadas é tão importante quanto planejar.

Popularmente diz-se que é preciso nadar contra a correnteza. Nadadores experientes discordam: nadar contra a correnteza é modo seguro de afogar-se. Deve-se fazer da correnteza uma aliada, rumo à margem, a um banco de areia ou a pedras que deem segurança.

Conforme célebre ponto cantado de Pretos-Velhos, “Quem tem fé tem tudo/Quem não tem fé não tem nada”.

8. Eji-Onilé

Caída: 8 búzios abertos e 8 búzios fechados

Fala: Oxaguiã

Palavras-chave: Honestidade, decisão, longevidade, humildade, vaidade, pessimismo, mentira, orgulho, vaidade.

Gênero: Masculino

Dimensão: Aquático, com influência do sol

Metais: Chumbo, estanho, ouro branco

Sabedoria ancestral

Às árvores foi aconselhado se fazer um ebó. Com exceção da cajazeira, as demais simplesmente não o fizeram. Assim, todas morreram ao se curvarem, menos a cajazeira, a qual renasceu mesmo nessa posição.

Meditação

O bambu evita quebrar-se porque se curva ao vento. A humildade e a postura de aprendiz auxiliam muito nos caminhos da vida. Se Oxaguiã é jovem e guerreiro, Oxalá, velho e curvado como a cajazeira da narrativa acima, não deixa de ser digno, pleno, senhor de si mesmo.

Sempre respeitando-se o livre arbítrio e sem o medo de fatalismo, aprende-se com as experiências, com os erros e acertos. Conta-se que uma mosca caiu num copo de leite. Debatendo-se, as patinhas ficaram grudentas e ela conseguiu escalar a parede interna do copo, libertando-se. Tempos depois, prestes a cair num copo, foi alertada por outra mosca, ao que respondeu "Não há perigo, sei me virar". Contudo, a mosca morreu afogada, pois o copo era de água.

9. Ossá

Caída: 9 búzios abertos e 7 búzios fechados

Fala: Iansã

Acompanham: Iemanjá, Obá e Ogum

Palavras-chave: Falsidade, rancor, insegurança, complexos, sofrimento calado, dificuldades financeiras, prosperidade, força de vontade, vitória.

Gênero: Feminino

Dimensão: Terra

Metal: Cobre

Cores associadas: Vermelho, branco, azul e verde

Sabedoria ancestral

Oyá desejava que Xangô fosse apenas seu. Para evitar que Xangô saísse, convocou eguns. Assim, Xangô permanecia em casa, por temer os eguns[18].

Um dia, estando Oyá ausente, Oxum visitou Xangô, que lhe contou sobre o estratagema de Oyá. Oxum, voltando para casa, preparou uma garrafada com mel, aguardente e pó branco. Voltou até Xangô e o pintou com o preparado. Oxum distraiu os eguns, que por ela se sentiam atraídos, enquanto Xangô, disfarçado, fugiu.

Meditação

"O valente Odisseu teria enfrentado o gigante Polifemo com um estratagema peculiar. Primeiro conversou com ele e disse chamar-se *Ninguém*, enquanto o embebedava. Depois feriu seu único olho. Os demais gigantes, ao ouvirem os gritos de Polifemo dizendo-se ferido, perguntavam quem fora o autor da façanha, ao que ele respondia 'Ninguém!'. Os amigos, considerando-o bêbado, não se ocupavam em socorrê-lo ou mesmo em procurar o tal de... *Ninguém*." (BARBOSA JR., 2003, pp. 57-58)

18. Iansã é "a esposa com quem mais Xangô apresenta compatibilidade de elementos, pois com ela divide os domínios do fogo, do raio e do trovão, ao mesmo tempo em que a ela se opõe, pois, Xangô é Orixá que pulsa tão intensamente a vida, que repulsa o mundo dos mortos, reino em que Iansã se sente à vontade." (BARBOSA JR., Ademir. *Saravá Xangô*. São Paulo: Anúbis, 2014, p. 66).

10. Ofun

Caída: 10 búzios abertos e 6 búzios fechados

Fala: Oxalufã

Acompanham: Iansã e Oxum

Palavras-chave: Sonhos, comunicações espirituais, prejuízo, fortuna, bondade, paciência, responsabilidade, sensibilidade.

Gênero: Feminino

Dimensão: Ígneo

Metais: Chumbo e estanho

Cor associada: Branco

Sabedoria ancestral

À galinha d'angola foi sugerido um ebó, mas também que fosse mais gentil com todos, em especial com aqueles que visse pela primeira vez. Encontrando Oxalá, a galinha d´angola lhe ofereceu tudo o que tinha.

Tocado, Oxalá pintou a galinha d´angola com suas próprias mãos, cobrindo-a de efun. Ela se tornou, assim, o animal com mais semelhança com Oxalá.

Meditação

Gentileza atrai gentileza, reza célebre dito popular. A Lei de Atração é uma realidade. De nada adianta um trabalho espiritual (sempre para o bem e respeitando-se o livre-arbítrio), se não se vibra adequadamente.

Fé, vontade, determinação, confiança caminham de mãos dadas.

11. Owanrin

Caída: 11 búzios abertos e 5 búzios fechados

Fala: Oxumaré

Acompanham: Xangô, Iansã e Exu

Palavras-chave: Fidelidade, solidariedade, talento, possibilidades, tirania, crueldade, difamação, inconstância.

Gênero: Feminino

Dimensão: Ígneo

Metais: Ferro e cobre

Cores associadas: Todas as cores

Sabedoria ancestral

Oxum passava uma fase de penúria. Preparou um ebó e o deixou à margem de um rio. No dia seguinte, ao passar naquele lugar, pôde perceber que o azeite do ebó havia se transformado em ouro. Assim, Oxum se tornou rica.

Meditação

Na transmutação, todo elemento é bem-vindo, nada é rejeitado, tudo é experiência, tudo se soma, se acrescenta, nada se desperdiça. Conforme ensina o XIV Dalai Lama, "Quando perder tudo, não perca a lição."

12. Eji-Laxeborá

Caída: 12 búzios abertos e 4 búzios fechados

Fala: Xangô

Palavras-chave: Justiça, vitória, persistência, violência, impulsividade, presunção, inquietude, agonia, falta de arrependimento.

Gênero: Masculino

Dimensões: Ar e fogo

Metal: Cobre

Cores associadas: Grená, dourado e branco

Sabedoria ancestral

Sete ebós foram aconselhados a Egum, Orô[19] e Xangô.

Somente Xangô fez o ebó.

Quando Egum dançou, todos admiraram, mas também tiveram medo.

Quando Orô gritou, todos fugiram.

Porém, quando Xangô apareceu, todas as mulheres lhe deram joias e vestimentas, proclamando-o rei de Ossá.

Meditação

"O Universo conspira a favor". É verdade. O Universo favorece a quem se ajuda.

"Deus ajuda a quem cedo madruga." É verdade. E mais: a o Princípio Primeiro (Deus) e toda a Espiritualidade auxiliam a pessoa seja no horário em que ela trabalhar/acordar.

"Se Deus é por nós, quem será contra nós?", pergunta-se Paulo Apóstolo. Por vezes, a própria pessoa, que, consciente ou inconscientemente sabota a si mesma.

---

19. Em *Mitologia dos Orixás – lições e aprendizados* (BARBOSA JR., 2014, pp. 66-69), explica o autor: *"Orixá caçador, filho de Iemanjá, símbolo da reclusão e da misoginia, em virtude de assustar as mulheres com seus gritos assustadores."*

Afastamento

Orô era um grande caçador.

Um dia casou-se e sua mulher esperava um filho. Contudo, ela o traiu e abortou o bebê.

Orô, então, passou a sentir ódio das mulheres e se isolou na mata.

Vive como um egum e tem voz pavorosa.

É acessível apenas aos homens. Nenhuma mulher nunca mais o viu.

Na mata, devora feiticeiros, condenados e mulheres que cometeram adultério e lhe foram entregues pelos maridos.

Gritos e Sustos

Num festival para os egunguns, foi aconselhado a todos que fizessem oferendas de galos e carneiros. Orô desconsiderou o conselho. Xangô fez sete vezes as oferendas.

Quando Orô dançava pelas ruas, todos o consideravam bonito, vistoso, mas dele fugiam quando tentava falar, pois sua voz era pavorosa. Todos se esconderam de Orô, que passou a viver escondido. As mulheres até hoje temem ouvir e ver Orô.

Com Xangô aconteceu o oposto: as mulheres o presenteavam e acabaram por colocá-lo no trono e coroá-lo.

13. Eji-Ologbon

Caída: 13 búzios abertos e 3 búzios fechados

Fala: Nanã Buruquê

Acompanham: Omulu/Obaluaê

Palavras-chave: Sagacidade, astúcia, vantagens, liderança, humildade, respeitabilidade, indolência, melancolia, masoquismo.

Gênero: Feminino

Dimensões: Terra e água

Metais: Ferro e azougue

Cor associada: Preto

Sabedoria ancestral

Andando pela mata, o macaco encontrou a onça num buraco. Ela lhe pediu ajuda, dizendo estar com fome. O macaco a salvou. Quando a onça se viu livre, agarrou o macaco com a intenção de devorá-lo.

O cágado, considerado sábio, passava por ali. Chamado para resolver o impasse, mandou o macaco bater as mãos, limpando-as no chão. O mesmo pediu para a onça. Aproveitando-se desse momento, o macaco fugiu.

A onça, então, avançou contra o cágado, que precisou do apoio das formigas para se salvar.

Meditação

A ética não nos permite puxar o tapete dos outros. Contudo, nos orienta a prestar a atenção para que os outros não puxem os nossos.

 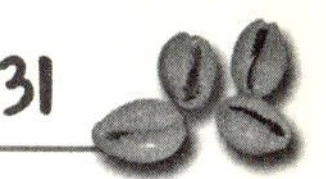

14. Iká-Ori

Caída: 14 búzios abertos e 2 búzios fechados

Fala: Ossaim

Acompanham: Oxóssi, Ogum e Exu

Palavras-chave: Orientação, possibilidades de sucesso, brigas, agressão, perversidade.

Gênero: Masculino

Dimensões: Terra, água e fogo

Metais: Cobre, ferro e latão

Cores associadas: Todas as cores, com preferência ao preto, ao vermelho e ao azul

Sabedoria ancestral

No início do mundo, Ossá ordenou que os Odus fizessem ebós. Contudo, apenas Iká o fez. Por esse motivo, Olorum determinou que em todos os ebós, dali para a frente, o nome de Iká deveria ser invocado a fim de se obter os resultados esperados.

Meditação

Palavras e atitudes podem abençoar ou maldizer. Cada qual escolhe como manipular e direcionar a própria energia.

15. Ogbé-Ogundá

Caída: 15 búzios abertos e 1 búzio fechado

Fala: Obá

Palavras-chave: Inteligência, sensibilidade, respeitabilidade, brigas, traição, sofrimento, violência.

Gênero: Masculino

Dimensões: Fogo e água

Metal: Ferro

Cores associadas: Azul, vermelho, cinza e verde

Sabedoria ancestral

Obá e Oxum disputavam o amor de Xangô o tempo todo.

Um dia, Obá viu Oxum cozinhando, com um lenço à cabeça, e testemunhou que Xangô havia se esbaldado com a comida. Intrigada, perguntou a Oxum qual era seu segredo. Oxum, contou-lhe, então, que havia cortado as orelhas e colocado na sopa que havia servido a Xangô.

Na primeira ocasião em que foi cozinhar para o marido, Obá cortou uma de suas orelhas e colocou na sopa. Quando Xangô foi comer, sentiu nojo e ficou enraivecido. Oxum, então, apareceu sem o lenço e com as orelhas. Obá percebeu que havia sido lograda e ficou enraivecida.

Xangô, que não aguentava mais as disputas, expulsou as duas de casa e correu atrás delas, lançando-lhes um raio, mas elas corriam e corriam.

Ambas se transformaram em rios. E, onde se juntam os rios Oxum e Obá, a correnteza é terrível, pois ambas lutam pelo mesmo leito.

Meditação

Ninguém oferece o que não tem. Quem deseja paz, tem de vibrar na paz. A entrega deve ser plena, o que não significa perfeição, pois todos temos aspectos luz e aspectos sombra, contudo todos temos potencial para crescer, melhorar, aprender com erros e acertos.

16. Alafiá

Caída: 16 búzios abertos

Fala: Orumilá

Palavras-chave: Bênção, generosidade, felicidade, conquistas, atitudes sinceras. Há quem também veja aspectos sombra nesta caída.

Gênero: Feminino

Dimensões: Terra e ar

Metal: Marfim (evidentemente, não é metal)

Cores associadas: Branco, contudo também o azul e o vermelho

Sabedoria ancestral

Ilê Ifé estava sendo dizimada por uma epidemia. O rei, então, pediu ajuda a Obaluaê, o qual, entretanto, vivia longe de qualquer responsabilidade. Aceitou o dinheiro do rei, mas não se dedicou a erradicar a epidemia.

O rei mandou prender Obaluaê numa gruta, proibindo-lhe água e comida. Obaluaê só fazia enfraquecer. A notícia chegou até Iemanjá, que foi até o rei e pediu para ver o filho. Embora não quisesse, o rei acabou cedendo.

Ao ver a mãe, Obaluaê pediu perdão. Ela pediu que ele silenciasse. De uma bolsa de couro que trazia atravessada, Iemanjá, com discrição, tirou alguns elementos, misturou-os e deu para o filho beber.

Quando se recuperou, Obaluaê ficou em pé à entrada da gruta e postou as mãos em direção a Ilê Ifé, localizada abaixo de onde ele estava. Saía de suas mãos um pó vermelho que se acumulou numa nuvem sobre a cidade. A epidemia foi debelada e todos louvaram Obaluaê, que passou a se dedicar a curar as pessoas.

Meditação

Paz!

Auxiliares

Para auxiliar na leitura dos búzios, com sigilo, discrição, fazendo anotações ou outros, o ledor pode valer-se de alguém sua confiança, o qual, geralmente, é um cambone, ou, nas religiões e/ou segmentos afros mais tradicionais, a Iya Apetebi.

Conforme o *Dicionário de Umbanda* (BARBOSA JR., 2015)

> Cambone é o médium de firmeza encarregado de, dentre várias funções, auxiliar os médiuns e a Espiritualidade incorporada, bem como fazer anotações, cuidar de detalhes da organização do terreiro, dar explicações e assistência aos consulentes. Pode ou não incorporar. Alguns cambones são médiuns de desenvolvimento que auxiliam nos cuidados da gira.
>
> Geralmente há um cambone-chefe em cada terreiro.
>
> O vocábulo vem de Tata Cambono, o Ogã responsável, em terreiros bantos/Nação Angola, por dirigir a orquestra e puxar os cânticos. (p. 41)

Já a Iya Apetebi, tradicionalmente, é a esposa do babalaô, a qual o auxilia, o camboneia.

Conclusão

Orumilá nos traga boas notícias
E, quando as notícias não forem boas,
Orixás, Guias e Guardiões nos deem o dobro de coragem
Para que os pés, ao se cansarem,
Nunca desistam da viagem interna
Rumo à Aruanda,
Rumo ao Orum,
Manifestados
A cada dia,
A cada búzio,
Em cada um.

Axé!

Lembretes aos consulentes

1. Selecionar os ledores de búzios com critério, referências, atenção à intuição e, sobretudo, pedindo orientações e amparo à Espiritualidade.
2. Em caso de ledores que cobrem pela consulta, não escolher os que praticam preços abusivos e/ou extorsivos.
3. Realizar trabalhos espirituais/magísticos apenas se necessário. Para tanto, pedir orientações detalhadas a quem joga os búzios e ouvir a própria intuição. Observar, para não haver mal-entendidos, se se cobram apenas os materiais ou também mão, solo e outros, ou, ainda, se o próprio consulente deverá levar os materiais para os referidos trabalhos realmente necessários para reequilíbrio energético.
4. Não compactuar com trabalhos espirituais/magísticos que firam o livre-arbítrio próprio e de outrem ou cause mal a algo ou alguém.
5. Não barganhar com a Espiritualidade, pois esta, quando realmente superior, não age de acordo com o "toma lá, dá cá".
6. Não fazer dos búzios objeto de curiosidade gratuita.
7. Não se tornar dependente dos búzios e/ou da palavra de quem os joga.
8. Observar atentamente as explicações, os recados, as orientações e, em caso de dúvida, perguntar, durante a consulta, ou mesmo posteriormente (telefone, e-mail, pessoalmente etc.). Se possível, anotar o que é dito.
9. Não fazer e/ou se submeter a nada que não deseje, seja desagradável ou suspeito.
10. Acalentar o sentimento de gratidão a Deus, aos Orixás, Guias e Guardiões, bem como a quem lê os búzios e orienta, bem como a outros envolvidos diretos.

Anexo

O *Dicionário de Símbolos* (CHEVALIER e GHEERBRANT, 2008), embora desconsidere totalmente os búzios enquanto instrumentos oraculares, seja em África ou em outros continentes, ou mesmo moeda de troca e símbolo de riqueza em diversas culturas africanas, apresenta uma interessante análise arquetípica do búzio, transcrita abaixo.

> Concha marinha da qual a mitologia grega fez nascer Afrodite. É também, na mesma mitologia, o atributo dos Tritões.
>
> Percebe-se logo, aqui, dois aspectos do seu simbolismo: sua relação com as águas primevas e seu uso como instrumento de música, ou melhor, como produtor de som, trombeta (lat. bucina). O som que a concha emite, perceptível de longe, inspira o terror. Por isso foi, outrora, utilizada na guerra. O capítulo inicial do Bhagavad-Gita está cheio de ecos desse medonho alarido: Sacudindo o Céu e a Terra, o terrível estrépito despedaçou o coração dos amigos de Dhritar ashtra. Em tal contexto, nos limites do abalo cósmico, a dilaceração do espírito tem, certamente, papel preparatório à experiência espiritual militante (cármica) que se exprime na obra. Seja em papel idêntico, seja no da evocação do som primordial, ao qual voltaremos, a concha-trompa é ainda utilizada pelos brâmanes e lamas tibetanos ou pelos maoris, no curso das suas cerimônias. A concha tibetana, combinada com outros instrumentos, é expressamente utilizada para perturbação e aniquilamento do mental, preparatórios à percepção interior do som natural da Verdade. O som da concha é, aliás, percebido interiormente em certas experiências de ioga. Nas cerimônias funerárias, o búzio é representado junto da efígie do morto para indicar a função do som e do ouvido, importante no Bardo.
>
> Saído do mar, o búzio está em relação com o elemento Água, donde sua atribuição a Varuna, senhor das Águas. Nesse caso, como nos casos em que figura entre os oito nidhi (tesouros) do rei Chakravarti ou de Shri, ele é associado ao lótus. Essa atribuição participa, sem dúvida, da dominação do universo

pelo som que produz a concha. Ela mantém, igualmente, relações com a água e a Lua (o lótus é de natureza solar): é branca, cor de lua cheia. Na China, um grande búzio era utilizado para tirar água da lua, i.e., o orvalho celeste, mas também o elemento yin; o yang, o fogo, era tirado do Sol, com a ajuda de um espelho metálico.

A concha evoca, ainda, a ostra perlífera e a pérola que dela se tira. A concha significa, então, a orelha, à qual se parece a tal ponto que uma parte do pavilhão, no ouvido externo, é chamada concha. Órgão da percepção auditiva, instrumento da percepção intelectual, a pérola é, no caso, a palavra, o Verbo. Esse o sentido, segundo Burckhardt, da concha representada em certos nichos de oração da arte muçulmana. Observemos, ainda, na Roseraie du Mystère, de Shabestari: A concha é a palavra proferida; a pérola é a ciência do coração. Nessa perspectiva, a concha simboliza a atenção à Palavra.

Na Índia, o búzio é, essencialmente, um atributo de Vinexu, princípio conservador da manifestação. O som, a pérola são conservados na concha. É também, a concha, Lakshmi em pessoa, fortuna e beleza, a xácti de Vinexu. Poder-se-ia, sem dúvida, explicar assim a figuração pela concha - documentada no Kampuchea (Camboja) - da salagrama, contrapartida do linga xivaíta. Além disso, a concha é, por vezes, considerada na Índia como complementar do vajra (raio), complementarismo esse assumido no Tibete pelo sino. Ela e, então, o aspecto relativamente passivo, receptivo, de um princípio, do qual o vajra representa o aspecto ativo. São, à maneira búdica, a Sabedoria e o Método.

Um texto dos Upanixades faz do búzio de Vinexu o emblema dos cinco Elementos. Ele é, ao mesmo tempo, nascido dos cinco e origem dos Elementos, que são a especificação da noção do eu, da consciência individual (ahmkara). Ela significa, então, a origem da manifestação, o que é confirmado pela sua relação com as águas primevas e seu desenvolvimento espiralóide a partir de um ponto central. Diz-se, ademais, que a concha encerra os vedas durante os períodos de pralaya, que separam dois ciclos de manifestação. Ela conte, então, o germe, as possibilidades de desenvolvimento do ciclo futuro. O germe é, também, o som primordial, o monossílabo aum (ou om), composto de três sons, a-u-m (em sânscrito, as vogais a e u se fundem para tornar-se o). Certas tradições reduzem os três elementos do monossílabo a um elemento em espiral (o búzio), um ponto (o germe que ela contém) e uma linha reta (o desenvolvimento das possibilidades contidas no invólucro da concha). Ela simboliza as grandes viagens, as grandes evoluções, interiores e exteriores.

O búzio, como todas as conchas, está ligado ao arquétipo: lua-água, gestação-fertilidade. Entre os maias, ele carrega a terra nascente no dorso do crocodilo monstruoso que emerge das águas cósmicas no começo dos tempos. Ele se encontra associado às divindades ctonianas, sobretudo ao Jaguar, grande deus do interior da terra que, como o grande crocodilo, a leva às costas. Por extensão, ela simboliza o mundo subterrâneo e suas divindades. (pp. 149-150)

Bibliografia

Livros

AFLALO, Fred. *Candomblé: uma visão do mundo*. São Paulo: Mandarim, 1996. 2ª ed.

BARBOSA JÚNIOR, Ademir. *A Bandeira de Oxalá – pelos caminhos da Umbanda*. São Paulo: Nova Senda, 2013.

______. *O caminho das pedras – romance umbandista*. São Paulo: Anúbis, 2015.

______. *Curso essencial de Umbanda*. São Paulo: Universo dos Livros, 2011.

______. *Dicionário de Umbanda*. São Paulo: Anúbis, 2015.

______. *O essencial do Candomblé*. São Paulo: Universo dos Livros, 2011.

______. *Guia prático de plantas medicinais*. São Paulo: Universo dos Livros, 2005.

______. *Mitologia dos Orixás: lições e aprendizados*. São Paulo: Anúbis, 2014.

______. *Nanã*. São Paulo: Anúbis, 2014.

______. *No reino dos Caboclos*. São Paulo: Anúbis, 2015.

______. *Obaluaê*. São Paulo: Anúbis, 2014.

______. *Orixás: cinema, literatura e bate-papos*. São Paulo: Anúbis, 2015.

______. *Oxumaré*. São Paulo: Anúbis, 2014.

______. *Fala Zé Pelintra – Palavras de Doutor* (ditado pelo Sr. Zé Pelintra). São Paulo: Anúbis, 2016.

______. *Para conhecer a Umbanda*. São Paulo: Universo dos Livros, 2013.

______. *Para conhecer o Candomblé*. São Paulo: Universo dos Livros, 2013.

______. *Por que riem os Erês e gargalham os Exus – o bom humor na religiosidade afro-brasileira*. São Paulo: Anúbis, 2015.

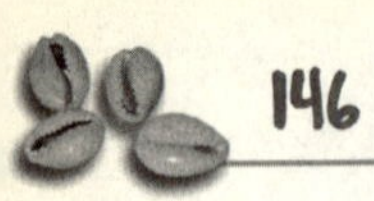

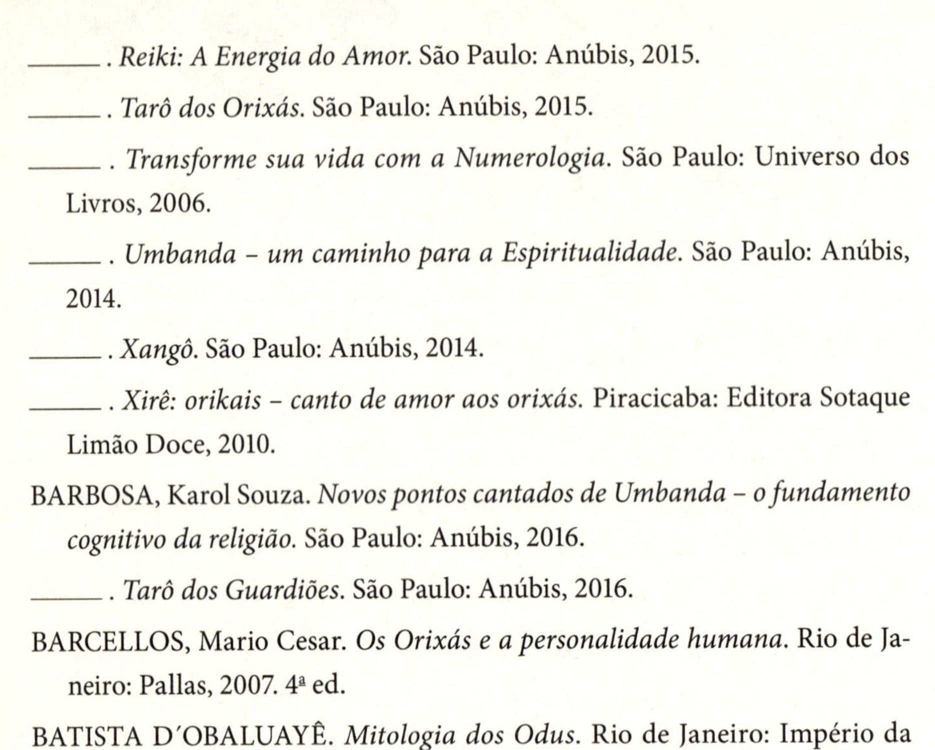

______. *Reiki: A Energia do Amor.* São Paulo: Anúbis, 2015.

______. *Tarô dos Orixás.* São Paulo: Anúbis, 2015.

______. *Transforme sua vida com a Numerologia.* São Paulo: Universo dos Livros, 2006.

______. *Umbanda - um caminho para a Espiritualidade.* São Paulo: Anúbis, 2014.

______. *Xangô.* São Paulo: Anúbis, 2014.

______. *Xirê: orikais - canto de amor aos orixás.* Piracicaba: Editora Sotaque Limão Doce, 2010.

BARBOSA, Karol Souza. *Novos pontos cantados de Umbanda - o fundamento cognitivo da religião.* São Paulo: Anúbis, 2016.

______. *Tarô dos Guardiões.* São Paulo: Anúbis, 2016.

BARCELLOS, Mario Cesar. *Os Orixás e a personalidade humana.* Rio de Janeiro: Pallas, 2007. 4ª ed.

BATISTA D'OBALUAYÊ. *Mitologia dos Odus.* Rio de Janeiro: Império da Cultura, 2012.

BORDA, Inivio da Silva *et al.* (org.). *Apostila de Umbanda.* São Vicente: Cantinho dos Orixás, s/d.

CABOCLO OGUM DA LUZ (Espírito). *Ilê Axé Umbanda.* São Paulo: Anúbis, 2011. Psicografado por Evandro Mendonça.

CACCIATORE, Olga Gudolle. *Dicionário de Cultos Afro-brasileiros.* Rio de Janeiro: Forense Universitária, 1977.

CAMARGO, Adriano. *Rituais com ervas: banhos, defumações e benzimentos.* Rio de Janeiro: Livre Expressão, 2013. 2ª ed.

CAMPOS JR., João de. *As religiões afro-brasileiras: diálogo possível com o cristianismo.* São Paulo: Editora Salesiana Dom Bosco, 1998.

CARYBÉ. *Iconografia dos deuses africanos no Candomblé da Bahia.* São Paulo: Editora Raízes, 1980. (Com textos de Jorge Amado, Pierre Verger e Valdeloir Rego.)

CHEVALIER, Jean e GHEERBRANT, Alain (orgs.). *Dicionário de símbolos.* Rio de Janeiro: José Olympio, 2008. Tradução: Vera da Costa e Silva *et al.* 22ª ed.

CIPRIANO DO CRUZEIRO DAS ALMAS (Espírito). *O Preto Velho Mago: conduzindo uma jornada evolutiva*. São Paulo: Madras Editora, 2014. Psicografado por André Cozta.

CONGO, Pai Thomé do (Espírito). *Relatos umbandistas*. São Paulo: Madras Editora, 2013. Anotações por André Cozta.)

CORRAL, Janaína Azevedo. *As Sete Linhas da Umbanda*. São Paulo: Universo dos Livros, 2010.

______. *Tudo o que você precisa saber sobre Umbanda* (volumes 1, 2 e 3). São Paulo: Universo dos Livros, 2010.

FAUR, Mirella. *Mistérios nórdicos: deuses, runas, magias, rituais*. São Paulo: Pensamento, 2007.

FERAUDY, Roger. (Obra mediúnica orientada por Babajiananda/Pai Tomé.) *Umbanda, essa desconhecida*. Limeira: Editora do Conhecimento, 2006. 5ª ed.

FERREIRA, Paulo Tadeu Barbosa. Orixá *Bará: nação religiosa de Cabinda*. Porto Alegre: Toquí, 1997.

D'IANSÃ, Eulina. *Reza forte*. Rio de Janeiro: Pallas, 2008. 4ª ed.

LEONEL (Espírito) e Mônica de Castro (médium). *Jurema das Matas*. São Paulo: Vida & Consciência, 2011.

LIMAS, Luís Filipe de. *Oxum: a mãe da água doce*. Rio de Janeiro: Pallas, 2007.

LINARES, Ronaldo (org.). *Iniciação à Umbanda*. São Paulo: Madras Editora, 2008.

______. *Jogo de Búzios*. São Paulo: Madras Editora, 2007.

LOPES, Nei. *Enciclopédia brasileira da Diáspora Africana*. São Paulo: Selo Negro, 2004.

LOURENÇO, Eduardo Augusto. *Pineal, a glândula da vida espiritual – as novas descobertas científicas*. Limeira: Editora do Conhecimento, 2010.

MAGGIE, Yvonne. *Guerra de Orixá: um estudo de ritual e conflito*. Rio de Janeiro: Jorge Zahar Editor, 2001. 3ª ed.

MALOSSINI, Andrea. *Dizionario dei Santi Patroni*. Milano: Garzanti, 1995.

MARTÍ, Agenor. *Meus oráculos divinos: revelações de uma sibila afrocubana*. Rio de Janeiro: Bertrand Brasil, 1994. (Tradução de Rosemary Moraes.)

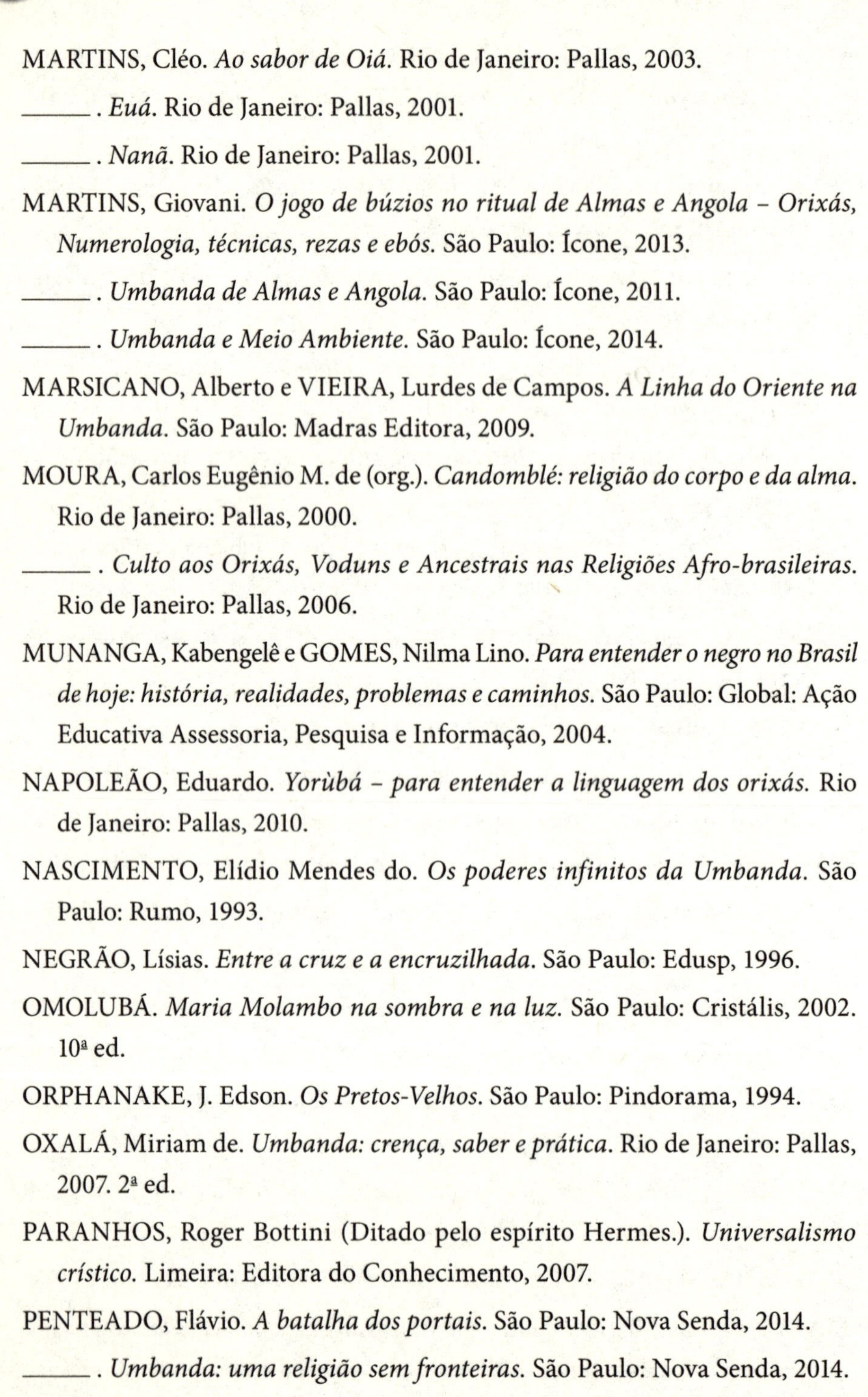

MARTINS, Cléo. *Ao sabor de Oiá*. Rio de Janeiro: Pallas, 2003.

______. *Euá*. Rio de Janeiro: Pallas, 2001.

______. *Nanã*. Rio de Janeiro: Pallas, 2001.

MARTINS, Giovani. *O jogo de búzios no ritual de Almas e Angola – Orixás, Numerologia, técnicas, rezas e ebós*. São Paulo: Ícone, 2013.

______. *Umbanda de Almas e Angola*. São Paulo: Ícone, 2011.

______. *Umbanda e Meio Ambiente*. São Paulo: Ícone, 2014.

MARSICANO, Alberto e VIEIRA, Lurdes de Campos. *A Linha do Oriente na Umbanda*. São Paulo: Madras Editora, 2009.

MOURA, Carlos Eugênio M. de (org.). *Candomblé: religião do corpo e da alma*. Rio de Janeiro: Pallas, 2000.

______. *Culto aos Orixás, Voduns e Ancestrais nas Religiões Afro-brasileiras*. Rio de Janeiro: Pallas, 2006.

MUNANGA, Kabengelê e GOMES, Nilma Lino. *Para entender o negro no Brasil de hoje: história, realidades, problemas e caminhos*. São Paulo: Global: Ação Educativa Assessoria, Pesquisa e Informação, 2004.

NAPOLEÃO, Eduardo. *Yorùbá – para entender a linguagem dos orixás*. Rio de Janeiro: Pallas, 2010.

NASCIMENTO, Elídio Mendes do. *Os poderes infinitos da Umbanda*. São Paulo: Rumo, 1993.

NEGRÃO, Lísias. *Entre a cruz e a encruzilhada*. São Paulo: Edusp, 1996.

OMOLUBÁ. *Maria Molambo na sombra e na luz*. São Paulo: Cristális, 2002. 10ª ed.

ORPHANAKE, J. Edson. *Os Pretos-Velhos*. São Paulo: Pindorama, 1994.

OXALÁ, Miriam de. *Umbanda: crença, saber e prática*. Rio de Janeiro: Pallas, 2007. 2ª ed.

PARANHOS, Roger Bottini (Ditado pelo espírito Hermes.). *Universalismo crístico*. Limeira: Editora do Conhecimento, 2007.

PENTEADO, Flávio. *A batalha dos portais*. São Paulo: Nova Senda, 2014.

______. *Umbanda: uma religião sem fronteiras*. São Paulo: Nova Senda, 2014.

PIACENTE, Joice (médium). *Dama da Noite*. São Paulo: Madras Editora, 2013.

______. *Sou Exu! Eu sou a Luz*. São Paulo: Madras Editora, 2013.

PINTO, Altair. *Dicionário de Umbanda*. Rio de Janeiro: Livraria Editora Eco, 1971.

PIRES, Edir. *A Missionária*. Capivari: Editora EME, 2006.

PORTUGAL FILHO, Fernandez. *Magias e oferendas afro-brasileiras*. São Paulo: Madras Editora, 2004.

______. *Ossayn – o Orixá das folhas*. 3ª ed., Rio de Janeiro, Eco, s/d.

PORTUGAL FILHO, Fernandez e Omolubá. *Manual prático do jogo de búzios – por Odu e pelo jogo da Oxum*. São Paulo, Cristális, 2006.

PRANDI, Reginaldo. *Mitologia dos Orixás*. São Paulo: Companhia das Letras, 2001.

RAMATÍS (Espírito) e PEIXOTO, Norberto (médium). *Chama crística*. Limeira: Editora do Conhecimento, 2004. 3ª ed.

______. *Diário mediúnico*. Limeira: Editora do Conhecimento, 2009.

______. *Evolução no Planeta Azul*. Limeira: Editora do Conhecimento, 2005. 2ª ed.

______. *Mediunidade e sacerdócio*. Limeira: Editora do Conhecimento, 2010.

______. *A Missão da Umbanda*. Limeira: Editora do Conhecimento, 2006.

______. *Umbanda de A a Z*. Limeira: Editora do Conhecimento, 2011. (Org.: Sidnei Carvalho.)

______. *Umbanda pé no chão*. Limeira: Editora do Conhecimento, 2005.

______. *Vozes de Aruanda*. Limeira: Editora do Conhecimento, 2005. 2ª ed.

RIBEIRO, Darcy. *O povo brasileiro: a formação e o sentido do Brasil*. São Paulo: Companhia das Letras, 1995. 2ª ed.

RIES, Julien. *O sentido do sagrado nas culturas e nas religiões*. Aparecida: Ideias & Letras, 2008 (tradução de Silvana Cobucci Leite).

RISÉRIO, Antonio. *Oriki Orixá*. São Paulo: Perspectiva, 1996.

RUDANA, Sibyla. *Os mistérios de Sara: o retorno da Deusa pelas mãos dos ciganos*. São Paulo: Cristális, 2004.

SAMS, Jamie. *As cartas do caminho sagrado*. Rio de Janeiro: Rocco, 2003. (Tradução de Fabio Fernandes.)

SALES, Nívio Ramos. Búzios: a fala dos Orixás. Rio de Janeiro: Pallas, 2005. 2ª ed.

SANTANA, Ernesto (Org.). *Orações umbandistas de todos os tempos*. Rio de Janeiro: Pallas, 2006. 4ª ed.

SANTOS, Orlando J. *Orumilá e Exu*. Curitiba, Editora Independente, 1991.

SARACENI, Rubens. *Rituais umbandistas: oferendas, firmezas e assentamentos*. São Paulo: Madras Editora, 2007.

SELJAN, Zora A. O. *Iemanjá: Mãe dos Orixás*. São Paulo: Editora Afro-brasileira, 1973.

SILVA, Carmen Oliveira da. *Memorial Mãe Menininha do Gantois*. Salvador: Ed. Omar G., 2010.

SILVA, Flávia Lins. *A folia de Pilar na Bahia*. Rio de Janeiro: Jorge Zahar, 2002.

SILVA, Ornato J. *Iniciação de muzenza nos cultos bantos*. Rio de Janeiro: Pallas, 1998.

SILVA, Vagner Gonçalves da. *Candomblé e Umbanda: caminhos da devoção brasileira*. São Paulo: Ática, 1994.

SOUZA, Leal de. *O Espiritismo, A Magia e As Sete Linhas de Umbanda*. Limeira: Editora do Conhecimento, 2008. 2ª ed.

______. *Umbanda Sagrada*. São Paulo: Madras Editora, 2006. 3ª ed.

SOUZA, Marina de Mello. África e Brasil Africano. São Paulo: Ática, 2008.

SOUZA, Ortiz Belo de. *Umbanda na Umbanda*. São Paulo: Editora Portais de Libertação, 2012.

SUSSOL, Max. *Os maus costumes na Umbanda que devem ser eliminados*. São Paulo: Sartorato, 1993.

TAQUES, Ivoni Aguiar (Taques de Xangô). *Ilê-Ifé: de onde viemos*. Porto Alegre: Artha, 2008.

TAVARES, Ildásio. *Xangô*. Rio de Janeiro: Pallas, 2002. 2ª ed.

VVAA. *Educação Ambiental e a Prática das Religiões de Matriz Africana*. Piracicaba, 2011. (cartilha)

VVAA. *Orientações e Ações para a Educação das Relações Étnico-Raciais*. Brasília: SECAD, 2006.

VVAA. *Plano Nacional de Desenvolvimento Sustentável dos Povos e Comunidades Tradicionais de Matriz Africana 2013 - 2015*. Brasília: Secretaria de Políticas de Promoção da Igualdade Racial, 2013.

VERGER, Pierre. *Orixás - deuses iorubás na África e no Novo Mundo*. Salvador: Corrupio, 2002. (Tradução de Maria Aparecida da Nóbrega.) 6ª ed.

WADDELL, Helen (tradução). *Beasts and Saints*. London: Constable and Company Ltd., 1942.

Jornais e revistas

A sabedoria dos Orixás - volume I, s/d.
Folha de São Paulo, 15 de julho de 2011, p. E8.
Jornal de Piracicaba, 23 de janeiro de 2011, p. 03.
Revista Espiritual de Umbanda - número 02, s/d.
Revista Espiritual de Umbanda - Especial 03, s/d.
Revista Espiritual de Umbanda - número 11, s/d.

Sítios na Internet

http://alaketu.com.br
http://aldeiadepedrapreta.blogspot.com
http://answers.yahoo.com
http://apeuumbanda.blogspot.com
http://babaninodeode.blogspot.com
http://catolicaliberal.com.br
http://centropaijoaodeangola.net
http://colegiodeumbanda.com.br
http://comunidadeponteparaaliberdade.blogspot.com.br
http://espaconovohorizonte.blogspot.com.br/p/aumbanda-umbanda-esoterica.html
http://eutratovocecura.blogspot.com.br

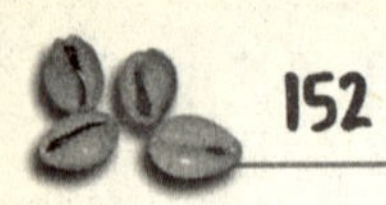

http://fogoprateado-matilda.blogspot.com.br
http://umbandadejesus.blogspot.com.br
http://fotolog.terra.com.br/axeolokitiefon
http://jimbarue.com.br
http://juntosnocandomble.blogspot.com
http://letras.com.br
http://luzdivinaespiritual.blogspot.com.br
http://mundoaruanda.com
http://ocandomble.wordpress.com
http://ogumexubaraxoroque.no.comunidades.net
http://okeaparamentos.no.comunidades.net
http://opurgatorio.com
http://orixasol.blogspot.com
http://oyatopeogumja.blogspot.com
http://povodearuanda.blogspot.com
http://povodearuanda.com.br
http://pt.fantasia.wikia.com
http://pt.wikipedia.org
http://religioesafroentrevistas.wordpress.com
http://templodeumbandaogum.no.comunidades.net
http://tuex.forumeiros.com
http://umbanda.portalguife.com.br/
http://xango.sites.uol.com.br
http://www1.folha.uol.com.br
http://www.brasilescola.com
http://www.desvendandoaumbanda.com.br
http://www.dicio.com.br
http://www.genuinaumbanda.com.br
http://www.guardioesdaluz.com.br
http://www.igrejadesaojorge.com.br
http://www.ileode.com.br
http://www.kakongo.kit.net
http://www.maemartadeoba.com.br

http://www.oldreligion.com.br
http://www.oriaxe.com.br
http://www.orunmila.org.br
http://www.pescanordeste.com.br
http://www.priberam.pt
http://www.religiosidadepopular.uaivip.com.br
http://www.siteamigo.com/religiao
http://www.terreirodavobenedita.com
http://www.tuccaboclobeiramar.com.br

O Autor

Ademir Barbosa Júnior (Dermes) é umbandista, escritor, pesquisador e Pai Pequeno da Tenda de Umbanda Iansã Matamba e Caboclo Jiboia, dirigida por sua esposa, a escritora e blogueira Mãe Karol Souza Barbosa.

Contatos:

E-mail: ademirbarbosajunior@yahoo.com.br.

WhatsApp: 47 97741999.

Outras publicações

FALA ZÉ PELINTRA – PALAVRAS DE DOUTOR

Ademir Barbosa Júnior (Dermes) – Ditado pelo Sr. Zé Pelintra

A vida precisa ser trilhada com sabedoria. Malandragem é saber dançar conforme as possibilidades e sem perder o passo, é jogar capoeira e aprender a cair para não cair, é não perder tempo com besteira, com supérfluo, com suposições e aproveitar cada instante, fazendo comungar o corpo e o espírito. Isso é Malandragem.

Malandro não tira nada de ninguém, mas está por perto quando a fruta mais doce cai, quando a flor mais linda brota, quando o vento melhor passa, quando a chuva mais refrescante desce do céu. Malandragem é estar no aqui e agora, sem se deixar escravizar.

Formato: 14 x 21 cm – 160 páginas

CANDOMBLÉ – UMA RELIGIÃO ECOLÓGICA

Ademir Barbosa Júnior (Dermes)

Este livro tem como objetivo apresentar um quadro sobre o Candomblé, respeitando sua pluralidade e diversidade. Não se trata de um manual ou de um livro sobre Teologia. Também não pretende chancelar os fundamentos desta ou daquela Nação, casa ou conjunto de casas.

No Candomblé não se faz nada que fira o livre-arbítrio, assim como na Espiritualidade nada acontece que fira as Leis Divinas, cujos pressupostos conhecemos apenas palidamente.

Religião nascida no Brasil, ao contrário do que reza o senso comum, o Candomblé é totalmente ecológico. Nele, o homem integra a natureza, não a domina ou explora deliberadamente. A circulação de Energia (Axé) é contínua e ininterrupta.

Formato: 16 x 23 cm – 160 páginas

MENSAGENS DOS GUIAS DE UMBANDA

Ademir Barbosa Júnior (Dermes)

A Espiritualidade tem outro tempo e fala sempre que necessário. Por meio de recados, intuições, ditados, psicografia: os métodos são múltiplos. Contudo foi-me solicitado um livro pelo Boiadeiro Sr. João do Laço. Algum tempo depois, pelo Sr. Exu Veludo. O mais prático e de acordo com a possibilidade de tempo foi fazer um livro único com mensagens de vários Guias e o resultado está aqui, o livro *Mensagens dos Guias de Umbanda*.

Saravá Umbanda! Abraço, gratidão e Axé!

Formato: 14 x 21 cm – 128 páginas

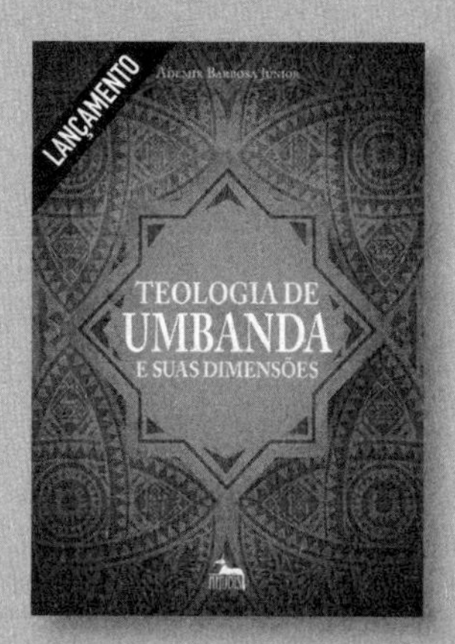

TEOLOGIA DE UMBANDA E SUAS DIMENSÕES

Ademir Barbosa Júnior (Dermes)

Em linhas gerais, etimologicamente, Umbanda é vocábulo que decorre do Umbundo e do Quimbundo, línguas africanas, com o significado de "arte de curandeiro", "ciência médica", "medicina". O termo passou a designar, genericamente, o sistema religioso que, dentre outros aspectos, assimilou elementos religiosos afro-brasileiros ao espiritismo urbano (kardecismo).

Quanto ao sentido espiritual e esotérico, Umbanda significa "luz divina" ou "conjunto das leis divinas". A magia branca praticada pela Umbanda remontaria, assim, a outras eras do planeta, sendo denominada pela palavra sagrada Aumpiram, transformada em Aumpram e, finalmente, Umbanda.

Formato: 16 x 23 cm – 256 páginas

Outras publicações

POR QUE SOU UMBANDISTA? – Memórias de um Dirigente Espiritual Teologicamente Incorreto

Ademir Barbosa Júnior (Dermes)

A Umbanda é o caminho que toca o meu coração por vários motivos, dentre eles a ausência de dogmas, a fundamentação explicada de forma lógica e analógica, a maneira como se organizam suas egrégoras de trabalho (Linhas) e a diversidade das mesmas, a pluralidade de suas matrizes, enfim. É uma religião de portas abertas, em que os sacramentos são administrados a quem o desejar, os tratamentos espirituais são universais, uma vez que não é proselitista e, portanto, não exige adesão. Solicita o compromisso de autoconhecimento de todos os que lhe frequentam os templos e exige disciplina dos médiuns, uma vez que mediunidade sem disciplina é como amor sem compromisso.

Por que sou umbandista? Porque é o caminho do meu coração.

Formato: 14 x 21 cm – 160 páginas

MEDITAÇÃO, AUTOCONHECIMENTO E DICAS PARA O DIÁLOGO

Ademir Barbosa Júnior (Dermes)

A sabedoria da meditação consiste em aprender a tornar-se mestre de si mesmo. Independentemente da filosofia espiritualista a que se dedique, ou da comunidade religiosa de que faça parte.

Portanto, ao participar de grupos de meditação, aprenda, questione, debata e não entregue seu poder pessoal a ninguém! Afinal, VOCÊ É SEU PRÓPRIO MESTRE!

Formato: 14 x 21 cm – 160 páginas

NOVOS PONTOS CANTADOS DE UMBANDA – O FUNDAMENTO COGNITIVO DA RELIGIÃO

Karol Souza Barbosa

Este livro disponibiliza novos pontos cantados de Umbanda, ordenados como pontos de raiz, provindos da espiritualidade (psicografia), e pontos terrenos, escritos pela autora (pautados nos fundamentos religiosos e que auxiliem a conexão vibratória necessária com as Potências Espirituais).

Formato: 16 x 23 cm – 144 páginas

RITUAIS DE UMBANDA

Evandro Mendonça

Este livro é uma junção de antigos rituais, bem simples e fáceis de fazer, e que só vem a somar àqueles médiuns ou terreiros iniciantes.

Mas, poucos sabem que esses rituais foram, são e sempre serão, regidos por uma lei que sempre se chamou, que a chamamos e sempre chamaremos Umbanda com amor e respeito.

Portanto, dentro da religião de Umbanda, ter conhecimento dessas leis, forças, rituais e etc., significa poder

Formato: 16 x 23 cm – 192 páginas

Distribuição exclusiva

www.aquarolibooks.com.br